Master Key

蠻荒境域，

由發現通向文明。

閉鎖心門，

自曙光終結幽黯。

法律的事，

經永然文化的Master key

開啟峰迴之路。

U0540075

資權益雙贏系列--15

雇主勞工

權益大小事，法律說明白

相關實務及司法範例

李永然◎著

自序

隨著時代的演進，勞動關係日益複雜，勞工權益也逐漸受到社會的重視。然而，在瞬息萬變的職場環境中，勞資雙方往往因資訊不對等或對法規認知不足，而產生諸多爭議。無論您是初入職場的新鮮人、經驗豐富的資深員工，抑或是身爲企業經營者，對於勞動法令的理解，都已不再是可有可無的「加分項」，而是保障自身權益、維護職場和諧的「必修課」。

《勞動基準法》及其相關法律對許多人來說，總帶有些許距離感，甚至常被視爲冰冷的條文。然而，我深信，它不僅是保障勞工權益的基石，更是維繫勞資關係和諧運作的重要支柱。

執業律師四十餘年來，我看到許許多勞資糾紛案件，並有幸參與處理諸多勞資爭議案件，深刻體會到，許多職場上的摩擦與誤解，往往源於對《勞動基準法》相關法規的不熟悉，或對權利義務界線的模糊，也讓我明瞭勞資關係的和諧，不僅是企業永續發展的基石，更是每一位工作者安身立命的保障。我見證過許多因誤解法令而產生的「勞資糾紛」，也看到許多人因爲不諳自身權益而蒙受損失。因此，我萌生了撰寫本書的念頭，希望能以淺顯易懂的文字，系統性地梳理勞動法規的脈絡，將複雜的法條轉化爲能輕鬆理解的知識。撰寫本書的目的不在於深入艱澀的法理，而在於提供一份「可讀、可懂、可用」的職場法律工具書。

本書內容依主題分為十篇，從最基本的《勞動基準法》適用對象談起，涵蓋勞動契約的簽訂與終止、工資工時與休假制度、資遣與退休金、勞工保險與職業安全衛生，直到外籍勞工聘用、勞資爭議處理，本書都提供了深入淺出的解析。

我們特別關注實務上常見的疑難雜症，例如「工讀生與正職員工的權益差異」、「試用期間的法律依據」、「最低服務年限條款的限制」……等議題，並透過案例分析與法律條文的結合，協助讀者釐清觀念，掌握關鍵。此外，本書也收錄了多份實用範例，如勞動契約範本、競業禁止條款、人事保證契約書、離職證明書、民事起訴狀、民事答辯狀、和解協議等，讓您在實際運用時能有具體的參考依據。期盼能為您在面對實際狀況時，提供最直接的協助。

《勞動基準法》及相關法規的修訂頻繁，職場生態也持續演變。因此，我們不僅僅是羅列法條，更希望能透過本書，引導讀者建立正確的法律觀念，學會如何運用法律工具來保障自身權益，並在面對勞資爭議時，能夠做出明智的判斷與選擇。

對雇主而言，本書是維持合法經營、防範風險的重要工具書；對勞工來說，則是一份保障自身工作權益的法學地圖。無論你是初入職場的新鮮人、具多年資歷的企業經營者，或是關注勞動議題的法律人，本書皆能提供所需的法規知識與思辨養分，成為你在職場法律旅程中的可靠夥伴。

本書能順利出版，感謝「達欣開發股份有限公司」對於法律出版之支持，在此一併誌謝，同時也期盼我國民主法治發展能因法律知識的普及與提升而更加穩固。

李永然

於民國114年7月17日

序於永然聯合法律事務所

目錄

肆．技術生篇

伍．資遣與退休權益篇

Labor Standards Act
Labor Standards Act
Labor Standards Act
Labor Standards Act

Labor Standards Act
Labor Standards Act
Labor Standards Act
Labor Standards Act

拾・勞資爭議書狀篇

壹.

適用對象篇

僱用未成年員工，應注意什麼？

Q 案例

張小英已滿十五歲但未滿十六歲，赴大大出版公司擔任小妹的工作，大大出版公司僱用張小英究竟應注意哪些規定？

A 解析

根據《勞動基準法》第44條規定，十五歲以上未滿十六歲之受僱從事工作者，為「童工」。為了保障童工的身心發育及健康，同一條文也明確規定，童工不得從事繁重及危險性的工作。在僱用童工從事工作時，依同法第46條規定，雇主應置備其法定代理人同意書及其年齡證明文件。另同法第45條復規定，雇主不得僱用未滿十五歲之人從事工作。但國中畢業或經主管機關認定其工作性質及環境無礙其身心健康者，不在此限。雇主有違反前述第44條及第45條規定者，依同法第77條規定，處六月以下有期徒刑、拘役或科或併科新台幣（以下同）三十萬元以下罰金。違反《勞動基準法》第46條規定者，依同法第79條規定處二萬元以上三十萬元以下罰鍰。

另外，雇主就未滿十八歲者不得使之從事《職業安全衛生法

》第29條第1項規定的「危險性或有害性工作」，是否爲「危險性或有害性工作」的具體認定標準，也規定在《妊娠與分娩後女性及未滿十八歲勞工禁止從事危險性或有害性工作認定標準》中。因此，雇主僱用此類勞工時，應特別注意其工作性質的限制及保障，以免觸法。

其次，在工作時間方面，《勞動基準法》第47條規定，童工每日工作時間不得超過八小時，每週之工作時間不得超過四十小時，例假日不得工作。又該法第48條也明文規定，童工不得於午後八時至翌晨六時之時間內工作。此爲《勞動基準法》基於不使童工過度工作的特別保護規定，如果雇主違反前述規定，處六個月以下有期徒刑、拘役或科或併科三十萬元以下罰金（《勞動基準法》第77條）；如有因犯前條之罪而被判有期徒刑六個月以下，可以依《刑法》第41條規定「易科罰金」（註）。

註：《刑法》第41條第1項規定：「犯最重本刑為五年以下有期徒刑以下之刑之罪，而受六月以下有期徒刑或拘役之宣告者，得以新臺幣一千元、二千元或三千元折算一日，易科罰金。但易科罰金，難收矯正之效或難以維持法秩序者，不在此限。」

哪些人不是《勞動基準法》中所稱的「勞工」？

Q 案例

張大係大大營造公司的監察人，其如退休時，能否主張依《勞動基準法》的規定要求退休金？

A 解析

按《勞動基準法》係爲規定勞動條件最低標準，保障「勞工」權益，加強勞雇關係，促進社會與經濟發展而制定。而該法中所稱的「勞工」，係指受「雇主」僱用從事工作獲致工資者；而「雇主」則是僱用勞工的事業主、事業經營的負責人或代表事業主處理有關勞工事務的人（參見《勞動基準法》第2條第1款、第2款）。

適用《勞動基準法》的行業，該行業內的所有人員並非均適用《勞動基準法》，茲由下述函令即可明白：

一、董事長：按《公司法》第8條、第192條、第208條規定，「董事長」爲公司負責人，對外代表公司，其與公司之間爲「委任關係」，非《勞動基準法》所稱受僱從事工作之勞工，故其退休金不得自該法所提撥之「勞工退休準備金」中發給（參見行政院勞工委員會81年11月11日台抗勞動一字第39767號函）。又行政院勞工委員會83年10月21日台（83）勞動一字第99215號函也函示：「查依公司法『委任』之經理人，與事業單位間係屬委任關係，非屬《勞動基準法》所稱受雇主僱用之勞工；董事長係事業之負責人，爲《勞動基準法》所稱之雇主。故上述人員之退休金不得自事業單位依該法所提撥之勞工退休準備金中支應，應由事業單位另行籌措支給。」。

二、董事：查依《公司法》第192條規定，公司與董事之間爲「委任關係」，此與《勞動基準法》所稱受雇主僱用之勞工不同，而該法退休金給付之對象爲「勞工」，故董事之退休金應依渠與公司約定辦理，不得自依該法所提撥之勞工退休準備金中發給（參見行政院勞工委員會83年5月9日台（83）勞動一字第34178號函）。

三、監察人：有關監察人與公司關係，依《公司法》第216條第3項規定：「公司與監察人間之關係，從民法關於委任之規定。」另依同法第222條規定：「監察人不得兼任公司董事、經理人或其他職員。」是以，監察人與公司之間係屬委任關係，其有關解任及報酬等事項，自應依《公司法》相關規定辦理（參見行政院勞工委員會81年3月18日台勞動一字第14372號函）。

四、總經理、副總經理、協理、副經理：有下述五則函令足供參酌：

㈠行政院勞工委員會80年5月30日台（80）勞動一字第12352號函：「依《公司法》『委任』之經理、總經理不屬《勞動基準法》所稱之勞工，故其退休及其他勞動條件等權利義務事項，由其與事業單位自行約定。」。

㈡行政院勞工委員會81年3月9日台勞動一字第07341號函：「依《公司法》所委任之總經理、經理等不屬《勞動基準法》所稱之勞工，前經本會80年3月12日台勞動一字第06464號函釋在案；具有總經理、經理職稱等人員如僅係受僱用從事工作獲致工資者，有關其勞動條件，依內政部主管勞工事務時74年7月1日台內勞字第329130號函釋，自應依《勞動基準法》辦理。」。

㈢行政院勞工委員會81年10月19日台（81）勞動一字第31990號函：「本會81年3月9日台（81）勞動一字第07341號函係指事業單位具有經理、總經理職稱等人員，如非依《公司法》所委任，而僅受僱從事工作獲致工資者，因符合《勞動基準法》第2條第1款規定之勞工定義，故其勞動條件應依該法辦理。此項釋示與公司法第29條並無牴觸。」。

㈣行政院勞工委員會82年1月12日台勞動一字第52173號函：「關於台北縣政府81年12月4日北府勞二字第419598號函請釋經理、總經理身分之認定，本會同意貴處所擬之處理意見；惟有關《公司法》第39條規定之公司副總經理、協理或副經理等人員之身分，應依事實認定，如係委任關係，則不屬《勞動基準法》所稱之勞工。」。

㈤行政院勞工委員會83年5月17日台（83）勞動一字第34692號函：「事業單位之經理人依公司法所委任者；與事業單位之間爲委任關係，其受任經營事業，擁有較大自主權，與一般受僱勞工不同，故依《公司法》所委任負責經營事業之經理人等，非屬《勞動基準法》上之勞工。」。

本案例中之張大，係大大公司的「監察人」，其與公司間爲「委任關係」，而非「勞工」，故無《勞動基準法》的適用，當然不得依《勞動基準法》向公司請領退休金。

《勞動基準法》擴大適用，「新鮮人」有何基本保障？

Q 案例

吳小明任職於房屋仲介公司，從事業務員的工作，雖然不動產仲介業已適用《勞動基準法》，然吳小明不知《勞動基準法》對他而言，究竟有哪些保障？

A 解析

原未適用《勞動基準法》的行業，一旦因擴大適用行業範圍而適用後，會對雇主或受僱員工產生何種影響？謹說明於后。

一、*雇主終止勞動契約受限制，不得任意終止勞動契約*

雇主一旦與受僱勞工成立勞動契約，受僱勞工的工作權即受保障，雇主不得任意終止，倘具有下述情事之一，方可經「預告」後終止勞動契約：㈠歇業或轉讓時；㈡虧損或業務緊縮時；㈢不可抗力暫停工作在一個月以上時；㈣業務性質變更，有減少勞工的必要，又無適當工作可供安置時；㈤勞工對於所擔任的工作確不能勝任時。

又雇主於受僱人具有下述情事之一，方可不經「預告」而終止勞動契約：㈠於訂立勞動契約時爲虛僞意思表示，使雇主誤信而有受損害之虞者；㈡對於雇主、雇主家屬、雇主代理人或其他共同工作的勞工，實施暴行或有重大的侮辱行爲；㈢受有期徒刑以上刑的宣告確定，而未諭知緩刑或未准以易科罰金者；㈣違反勞動契約或工作規則，情節重大者；㈤故意損耗機器、工具、原料、產品或其他雇主所有物品，或故意洩漏雇主技術上、營業上的秘密，致雇主受有損害者；㈥無正當理由繼續曠工三日，或一個月內曠工達六日者。

又前述雇主得經「預告」勞工而終止勞動契約，其「預告期間」也受限制，即：㈠繼續工作三個月以上一年未滿者，於「十日」前預告；㈡繼續工作一年以上三年未滿者，於「二十日」前預告；㈢繼續工作三年以上者，於「三十日」前預告（參見《勞動基準法》第16條）。同時雇主還要依《勞動基準法》規定向勞工發給「資遣費」（參見《勞動基準法》第17條）。

二、薪資及加班費的發放，須受法令規範

受僱勞工最關心者爲「工資」，爲了確保受雇人的勞動條件，《勞動基準法》亦就工資加以規定，此可就下述兩部分予以探討：

㈠薪資：

在薪資方面，雇主應注意：

1.工資固由勞雇雙方議定，但不得低於「基本工資」，基本工資由中央主管機關（註1）設「基本工資審議委員會」擬定後，報請行政院核定（註2）；

2.雇主應置備「勞工工資清冊」，將發放工資、工資計算項目、工資總額等事項記入，該清冊並應保存五年；

3.雇主應本於「男女平等原則」，不得因性別差異而予以不同待遇。

㈡加班費：

在加班費方面，雇主延長勞工工作時間者，其延長工作時間的工資須依下列標準加給：

1.延長工作時間在二小時以內者，按平日每小時工資額加給三分之一以上；

2.再延長工作時間二小時以內者，按平日每小時工資加給三分之二以上；

3.依《勞動基準法》第32條第4項規定延長工作時間者，按平日每小時工資額加倍發給。

雇主使勞工於第36條所定休息日工作，工作時間在二小時以內者，其工資按平日每小時工資額另再加給一又三分之一以上；工作二小時後再繼續工作者，按平日每小時工資額另再加給一又三分之二以上（參見《勞動基準法》第24條）。

三、職業災害補償

依《勞動基準法》第59條規定，勞工因遭遇職業災害而致死亡、失能、傷害或疾病時，雇主應依下列規定予以補償。但如同一事故，依《勞工保險條例》或其他法令規定，已由雇主支付費用補償者，雇主得予以抵充：

㈠勞工受傷或罹患職業病時，雇主應補償其必需的醫療費用。職業病的種類及其醫療範圍，依《勞工保險條例》有關的規定。

㈡勞工在醫療中不能工作時，雇主應按其原領工資數額予以補償。但醫療期間屆滿二年仍未能痊癒，經指定的醫院診斷，審定爲喪失原有工作能力，且不合第3款的失能給付標準者，雇主得一次給付四十個月的平均工資後，免除此項工資補償責任。

㈢勞工經治療終止後，經指定的醫院診斷，審定其遺存障害者，雇主應按其平均工資及其失能程度，一次給予失能補償；失能補償標準，依《勞工保險條例》有關的規定。

㈣勞工遭遇職業傷害或罹患職業病而死亡時，雇主除給與五個月平均工資的喪葬費外，並應一次給與其遺屬四十個月平均工資的死亡補償。其遺屬受領死亡補償的順位如下：1.配偶及子女；2.父母；3.祖父母；4.孫子女；5.兄弟、姊妹。

四、工作規則的制定

依《勞動基準法》第70條規定，雇主僱用勞工人數在三十人以上者，應依其事業性質就法定事項訂立「工作規則」，報請主管機關核備後並公開揭示。

除上述規定外，其他如「工作時間」、「特別休假、婚、喪、病或事假」、「女工勞動權益的特別保障」、「退休、退休金基數及退休基金須依規定辦理」等方面，也都與勞工的基本權益保障息息相關。

註1：目前勞動部為《勞動基準法》之中央主管機關。

註2：民國112年9月14日勞動部發布，自民國113年1月1日起實施，每月基本工資調整為27,470元；每小時基本工資調整為183元。又勞動部於民國113年9月19日發布，自民國114年1月1日起實施，每月基本工資調整為28,590元；每小時基本工資調整為190元。

工讀生與正職員工的權益有別？

Q 案例

廣浩今年剛考上台中地區的一所私立大學，由於學費不便宜，廣浩不想增加家裡的負擔，便打算至一家大型的速食店打工，賺取生活費。廣浩聽同學說，「工讀生」與「正式員工」在福利方面有很大的落差，因爲不適用《勞動基準法》，且非正式員工，萬一工作中受了傷，公司也不會給予補償。廣浩半信半疑，不曉得工讀生是否眞的這麼沒保障？

A 解析

一、工讀生是否適用《勞動基準法》？

廣浩受僱於外賣速食店打工領取工資，就是「勞工」，雖然只是計時的工讀生，仍然屬於《勞動基準法》所稱的員工，而僱用他的速食店如符合「中華民國行業標準分類」中餐館的定義「從事調理餐食供現場立即食用」，亦是《勞動基準法》所適用的行業。

《勞動基準法》第2條第1款所謂的「勞工」，是指「受雇主僱用從事工作而獲致工資的人」。而同法第3條規定：「本法於左列各業適用之：一、農、林、漁、牧業。二、礦業及土石採取業。三、製造業。四、營造業。五、水電、煤氣業。六、運輸、倉儲及通信業。七、大眾傳播業。八、其他經中央主管機關指定之事業。……。本法適用於一切勞雇關係。但因經營型態、管理制度及工作特性等因素適用本法確有窒礙難行者，並經中央主管機關指定公告之行業或工作者，不適用之。……」所以，原則上目前所有勞雇關係均應適用《勞動基準法》，僅特定行業或工作者，勞動部才會公告排除。因此，廣浩在選擇打工的行業時，可參考勞動部公告關於《勞動基準法》適用行業的例外情形。

二、工讀生有沒有勞、健保？

依《勞工保險條例》第6條第1項規定，只要是符合本條規定的員工，其雇主或所屬團體或所屬機構都應該以本身爲「投保單位」，爲「年滿十五歲以上，六十歲以下」的勞工參加「勞工保險」。勞工保險的項目，依同條例第2條規定，勞工保險分爲：㈠「普通事故保險」，包括生育、傷病、失能、老年及死亡五種給付；㈡「職業災害保險」，包括：傷病、醫療、失能及死亡四種給付。給付的方式因目前已有《全民健康保險法》的實施，醫療部分已改由中央健康保險署來辦理。

三、工讀生有沒有最低工資的限制？

勞動部於民國113年9月19日發布，基本工資自民國114年1月1日起調整爲每月新台幣28,590元、每小時新台幣190元。廣浩的老闆若違反最低基本工資的規定，依《最低工資法》第17條第1項的規定，將被處以新台幣二萬元以上一百萬元以下罰鍰，另依《最低工資法》第17條第2項規定，行政機關將公布事業單位或事業主之名稱、負責人姓名、處分日期及罰鍰金額，並限期令其改善；屆期未改善者，應按次處罰。

依《最低工資法》第5條規定，雇主與勞工所議訂的工資，不得低於最低工資，如果議定的工資低於最低工資，也會以《最低工資法》所定的最低工資爲勞工的工資數額。即使是工讀生，與雇主議定的工資也無法低於《最低工資法》所規定依工作時間計算的時薪基本工資。

四、工讀生因公受傷，有職業災害補償嗎？

廣浩如果在上下班必經途中發生意外事故，並不是因爲其他的私人行爲，例如繞去別的地方所造成，也沒有違反法令，這類事故仍然算是「職業災害」，可以請求「職災補償」。如果廣浩的老闆沒有幫廣浩投保勞保，就應該負擔全額的職業災害補償費。

依《勞動基準法》第59條規定，職業災害補償包括：一、醫療費用補償；二、工資補償；三、殘廢補償；四、死亡補償。勞工在上下班必經途中發生意外事故，例如：交通事故或其他偶發意外事故，如果事故並不是因爲勞工私人行爲所致而且違反了法令，依內政部函釋，這類事故仍然屬於「職業災害」的範疇。應注意的是，職業災害補償費應由雇主負擔，但是同一事故，依《勞工保險條例》或其他法令規定，已由雇主支付費用補償者，雇主可予以抵充。

五、工讀生可否拒絕調職？

「調職」是指雇主變更員工的配置，通常會伴隨著長時間職務內容或是工作場所的變動，依《勞動基準法》第10條之1中規定：「雇主調動勞工工作，不得違反勞動契約之約定，並應符合下列原則：一、基於企業經營上所必須，且不得有不當動機及目的。但法律另有規定者，從其規定。二、對勞工之工資及其他勞動條件，未作不利之變更。三、調動後工作爲勞工體能及技術可勝任。四、調動工作地點過遠，雇主應予以必要之協助。五、考量勞工及其家庭之生活利益。」在此規範下，方得爲合法之調職。

六、工讀生能不能在下班後兼職？

《勞動基準法》並沒有對勞工得否「兼職」一事做出明確規範，實務上也一直有爭議，所以廣浩能不能兼職，得視情況而定，如果當初和老闆沒有約定，就可以兼職，但不可以影響原來的工作；如有約定「專任」，就不可以兼職了。

七、可以任意要求工讀生離職嗎？工讀生可否請領資遣費？

《勞動基準法》規定的「解僱」，即終止勞動契約，可分爲「經濟性解僱」與「懲戒性解僱」二種。

所謂「經濟性解僱」，是指非因爲勞工的因素而解僱勞工，而是因爲公司經營的問題，《勞動基準法》第11條規定，除非符合：一、歇業或轉讓時，或二、虧損或業務緊縮時，或三、不可抗力暫停工作在一個月以上時，或四、業務性質變更，有減少勞工之必要，又無適當工作可供安置時，或五、勞工對於所擔任之工作確不能勝任者，才可以「預告」勞工的方式解僱員工。依此事由終止勞動契約時，依《勞動基準法》第16條規定，雇主也必須依勞工的工作年資，「預告」勞工解僱的時間。雇主如果沒有依照規定的期間預告逕行解僱勞工的話，則應該付給勞工這段預告期間的工資；甚至勞工在接到預告的通知後，爲了另謀工作，還可以在工作時間內請假外出，雇主應照給請假期間的工資。

另一種「懲戒性解僱」，則是指因爲勞工違反規定的事由致使雇主決定終止勞動契約，例如《勞動基準法》第12條所列舉的六種情形，雇主便可以不事先預告逕行解僱：一、於訂立勞動契約時為虛偽意思表示，使雇主誤信而有受損害之虞者；二、對於雇主、雇主家屬、雇主代理人或其他共同工作之勞工，實施暴行或有重大侮辱之行為者；三、受有期徒刑以上刑之宣告確定，而未諭知緩刑或未准易科罰金者；四、違反勞動契約或工作規則，情節重大者；五、故意損耗機器、工具、原料、產品，或其他雇主所有物品，或故意洩漏雇主技術上、營業上之秘密，致雇主受有損害者；六、無正當理由繼續曠工三日，或一個月內曠工達六日者。

以上二種解僱，只有屬於「經濟性解僱」的勞工才可以向雇主申請「資遣費」（註）。

八、工讀生可以請領離職證明嗎？

《勞動基準法》第19條規定：「勞動契約終止時，勞工如請求發給服務證明書，雇主或其代理人不得拒絕。」而中央主管機關也函示表明，「服務證明書」是用來證明勞工在事業單位的工作經驗及職位、待遇等事項，關係勞工權益甚鉅，《勞動基準法》第19條規定屬於強制規定，雇主違反，可依同法第79條規定，處二萬元以上三十萬元以下罰鍰。而第19條規定的「勞動契約終止『時』」，自應包括「勞動契約終止之『後』」。

註：《勞動基準法》第17條規定：「雇主依前條終止勞動契約者，應依下列規定發給勞工資遣費：一、在同一雇主之事業單位繼續工作，每滿一年發給相當於一個月平均工資之資遣費。二、依前款計算之剩餘月數，或工作未滿一年者，以比例計給之。未滿一個月者以一個月計。前項所定資遣費，雇主應於終止勞動契約三十日內發給。」

貳.

勞動契約篇

進入就業市場，應如何注意勞動契約的簽訂？

Q 案例

阿勇從學校畢業後半年，好不容易找到一份電腦工程師的工作，在辦理新進人員報到手續時，人事部門遞給阿勇一份「勞動契約書」，要他簽署，阿勇快速瀏覽後，發覺有部分內容不大明瞭，又有些條文似乎影響自身權益。好不容易擁有第一份工作的阿勇顯得躊躇不定，不知道合理的「勞動契約」究竟該如何簽訂？

A 解析

我國《憲法》第15條規定，人民的「工作權」，依法應予以保障。按工作對每個人而言，非常重要，而一個人受僱於他人，究竟該如何簽訂勞動契約，才能保障自身權益？作為一位現代公民，確實不可不知。

一、何謂勞動契約？

按勞務供給契約之類型，主要有「承攬」、「委任」及「僱傭」契約之分。所謂「承攬」，是當事人約定，一方為他方完成一定的工作，他方俟工作完成，給付報酬的契約（參見《民法》第490條第1項）；而所謂「委任」，係指當事人約定，一方委託他方處理事務，他方允為處理的契約（《民法》第528條）；至於「僱傭」，則係當事人約定，一方於一定或不定的期限內為他方服勞務，他方給付報酬的契約（《民法》第482條）。

「勞動契約」是約定勞雇關係的契約，所以「勞動契約」應先適用《勞動基準法》的規定；其未規定時，則再適用《民法》中「僱傭契約」的相關規定。

勞工要訂立勞動契約，該契約內應約定哪些內容？依《勞動基準法施行細則》第7條規定，勞動契約應依《勞動基準法》有關規定約定下列事項：

㈠工作場所及應從事的工作。

㈡工作開始及終止的時間、休息時間、休假、例假、休息日、請假及輪班制的換班有關事項。

㈢工資的議定、調整、計算、結算及給付的日期與方法。

㈣有關勞動契約的訂定、終止及退休。

㈤資遣費、退休金、其他津貼及獎金。

㈥勞工應負擔的膳宿費、工作用具費。

㈦安全衛生。

㈧勞工教育及訓練。

⑼福利。

⑽災害補償及一般傷病補助。

⑾應遵守之紀律。

⑿獎懲。

⒀其他勞資權利義務有關事項。

二、最低服務年限條款約定的效力如何？

勞工應注意「最低服務年限條款」的約定；所謂「最低服務年限條款」，係指雇主與員工約定勞工於接受訓練之後必須服務一定的期限，如果未服務滿一定期限，就必須給付一定金額的「違約金」或賠償雇主提供訓練所支出的全部費用。

勞動契約能否約定「保證服務年數條款」？可以約定，但須符合《勞動基準法》第15條之1規定「Ⅰ.未符合下列規定之一，雇主不得與勞工為最低服務年限之約定：一、雇主為勞工進行專業技術培訓，並提供該項培訓費用者。二、雇主為使勞工遵守最低服務年限之約定，提供其合理補償者。Ⅱ.前項最低服務年限之約定，應就下列事項綜合考量，不得逾合理範圍：一、雇主為勞工進行專業技術培訓之期間及成本。二、從事相同或類似職務之勞工，其人力替補可能性。三、雇主提供勞工補償之額度及範圍。四、其他影響最低服務年限合理性之事項。Ⅲ.違反前二項規定者，其約定無效。Ⅳ.勞動契約因不可歸責於勞工之事由而於最低服務年限屆滿前終止者，勞工不負違反最低服務年限約定或返還訓練費用之責任。」。

三、競業禁止條款約定的效力如何？

目前高科技產業為年輕人所嚮往，而高科技產業的雇主常會與其受僱人在勞動契約中約定「競業禁止條款」。

所謂「競業禁止條款」，係指雇主與員工約定，員工不能一方面在某公司上班，另一方面又對該公司的競爭對手提供資金、資訊、諮詢等資源。而離職後的競業禁止，就是指員工在離職後，因為接觸到原雇主的營業秘密，如果任由員工利用這些營業秘密另行創業或是投靠原雇主的競爭對手，會對於原雇主造成一定程度的損害，因此，有些雇主會透過勞動契約的約款，要求員工在離職後一定期間內，不得從事與其原任職相同的工作。

目前我國實務上，對於競業禁止條款的約定，依《勞動基準法》第9條之1：「Ⅰ.未符合下列規定者，雇主不得與勞工為離職後競業禁止之約定：一、雇主有應受保護之正當營業利益。二、勞工擔任之職位或職務，能接觸或使用雇主之營業秘密。三、競業禁止之期間、區域、職業活動之範圍及就業對象，未逾合理範疇。四、雇主對勞工因不從事競業行為所受損失有合理補償。Ⅱ.前項第四款所定合理補償，不包括勞工於工作期間所受領之給付。Ⅲ.違反第一項各款規定之一者，其約定無效。Ⅳ.離職後競業禁止之期間，最長不得逾二年。逾二年者，縮短爲二年。」。因此，合理的競業禁止應考慮下述三個因素：㈠不給予前雇主過度的保護；㈡不加諸受僱人過度的困境；㈢不損害公共利益。所以，合理的競業禁止條款須衡量「前雇主」、「受僱人」與「公共」三方面的利益。

由以上說明，可知受僱人在簽訂「勞動契約」時，一定要注意《勞動基準法》相關規定，且應注意其效力；如果契約條款有看不懂，宜事先請教專業律師，因爲一旦簽訂了具有拘束力的勞動契約後，法律上涉及遵守，才不會因違反約定而承擔相關的法律責任。

四、契約範例

◎ **範例：勞動契約**

立契約人○○○公司（以下簡稱甲方）、○○○（以下簡稱乙方）雙方同意訂立契約條款如下，以資共同遵守履行：

一、契約期間：

甲方自____年____月____日起僱用乙方為________（註：請填職稱；例如：出納），如須終止契約悉依《勞動基準法》及有關規定辦理（不定期契約）。

二、工作項目：

乙方接受甲方之指導監督，從事下列工作：

（例如：出納工作：㈠帳款之收取、登列。㈡員工薪資發放。㈢辦理員工勞工保險有關業務。㈣其他與上列各項相關事務。

三、工作地點：

乙方勞務提供之工作地點為________________。

四、工作時間：

㈠乙方正常工作時間如下，每日不超過八小時，每週不超過四十小時：

□隔週休二日：週一至週五____：____上班，____：____下班，____：____至____：____休息；週六____：____上班，____：____下班；每二週工作總時數為__小時。

□週休二日：週一至週五____：____上班，____：____下班，____：____至____：____休息；每二週工作總時數為__小時。

□週休一日：週一至週六____：____上班，____：____下班，____：____至____：____休息；每二週工作總時數為__小時。

□其他：____________________________。

（各公司可依其實際需要，選擇一項方案）

，甲方得視業務需要採排班制或調整每日上下班時間。

㈡甲方因工作需要延長工作時間或休假日須照常工作時，延長工作時間在二小時以內者，其延長工作時間之工資，按平日每小時工資額加給三分之一。再延長工作時間在二小時以內者，按平日每小時工資額加給三分之二。休假日照常工作時，工資加倍發給。

㈢因天災、事變或突發事件，必須延長工作時間，或停止例假、休假、特別休假必要照常工作時，工資加倍發給。事後並給予適當之休息或補假休息。

五、例假、（特別）休假、《勞動基準法》及相關規定的給假：

六、工資：

工資按月全額支付，甲方每月給付乙方薪資____元，且甲方不得預扣乙方工資作為違約金或賠償費用。

七、請假：

乙方之請假依《勞動基準法》、《性別平等工作法》及《勞工請假規則》辦理。

八、資遣：

甲方依法資遣乙方或終止勞動契約時，應依《勞動基準法》或《勞工退休金條例》有關規定辦理。

九、退休：

㈠乙方符合《勞動基準法》第53條規定，自請退休時，甲方應依《勞動基準法》及相關規定辦理。

㈡甲方依《勞動基準法》第54條規定，強制乙方退休時，應按

《勞動基準法》及相關規定辦理。

十、權利義務之其他依據：

甲、乙雙方於僱用受僱期間之權利義務關係，悉依本契約規定辦理；本契約未規定事項，悉依《勞動基準法》與甲方內部相關規定辦理。

十一、甲、乙雙方因本契約所生之法律糾紛，雙方同意以台灣○○地方法院為第一審管理法院。

十二、契約之份數存執：

本契約書一式二份，雙方各執一份為憑。

契約書人：

甲方：○○○公司

法定代表人：

乙方：○○○

身分證號碼：

地址：

中　華　民　國　　　　年　　　　月　　　　日

◎ **範例：競業禁止條款**

一、於契約有效期間內，非經乙方書面同意，甲方不得為下列之行為：

1.以自己或他人名義經營或投資與乙方業務相同或類似之事業，或投資前述事業達該事業資本額或已發行股份總數達百分之十以上。

2.為與乙方業務相同或類似之公司、商號或個人之受僱人、受任人、承擔人或顧問。

二、甲方同意與乙方終止聘僱關係一年內，不得至與乙方業務性質相同或具競爭關係之其他公司任職，亦不得為自己或他人從事與乙方營業項目相同或具競爭性的業務。

雇主在何種情形下，可以與勞工訂立「定期勞動契約」？

Q 案例

大大公司打算公司的某項工作具有「短期性質」，想以「定期勞動契約」方式與甲勞工成立勞動關係，依《勞動基準法》是否容許？又如容許，大大公司有何應注意的法律事項？

A 解析

勞動契約有「定期勞動契約」與「不定期勞動契約」之分，依《勞動基準法》第9條第1項前段規定：「……臨時性、短期性、季節性及特定性工作得爲定期契約；有繼續性工作應爲不定期契約。……」。定期勞動契約的「定期」屬於法律行爲附「期限」中的「終期」（註1）；所以定期勞動契約期間屆滿時即自動終結（註2）。

然何謂工作具有「臨時性」、「短期性」、「季節性」及「特定性」？依《勞動基準法施行細則》第6條規定，即：

一、臨時性工作：係指無法預期的非繼續性工作，其工作期間在「六個月」以內者；

二、短期性工作：係指可預期於「六個月」內完成的非繼續性工作；

三、季節性工作：係指受季節性原料、材料來源或市場銷售影響的非繼續性工作，其工作期間在「九個月」以內者；

四、特定性工作：係指可在「特定期間」完成的非繼續性工作，其工作期間超過「一年」者，應報請主管機關核備。

但因「定期勞動契約」對勞動權益影響甚大，所以工作依其性質及目的而爲定期約定時，須符合上述要件，且應具備客觀可確定性及客觀可預見性（註3）。

就本案例大大公司欲針對公司的一項短期性質工作，要與勞工甲成立「定期勞動契約」，《勞動基準法》是容許的。不過公司僱傭勞工，於運用「定期勞動契約」時，尚應注意以下三點：

一、有「繼續性工作」（註4）必須以「不定期契約」訂立，而不得爲「定期契約」；

二、「派遣事業單位」與「派遣勞工」間所訂定的勞動契約，必須採「不定期契約」（《勞動基準法》第9條第1項後段）；

三、如果在「定期勞動契約」期限屆滿，勞工繼續工作，而雇主不即爲反對意思者，依法視爲「不定期契約」（《勞動基準法》第9條第2項）。

以上說明，供雇主大大公司及讀者參酌運用。

註1：參見《民法》第102條第2項。

註2：林更盛著：勞動法案例研究(二)，頁238，2009年3月初版一刷，五南圖書出版股份有限公司出版。

註3：同註2。

註4：行政院勞工委員會89.3.31台勞資二字第0011362號函：「……按現行勞動基準法之規範及勞動市場之僱傭型態以繼續性工作為一般常態，非繼續性工作為例外，……行政機關歷來對於從事非繼續性工作之定期契約工採取嚴格性之解釋，以避免雇主對受僱人力之濫用。……」

「人事保證」條款怎麼約？

Q 案例

王小姐在大大公司擔任人事主任，一般招用員工一旦錄用，王小姐均會請其出具「人事保證書」，要求該員工找來兩位保證人；但她聽說《民法》對此有所規定，她應注意哪些事項呢？

A 解析

民國88年《民法》債編之修正，將原條文中關係「保證」的規定加入「人事保證」一節，所以，雇主於僱用員工要求其受僱員工需有「人事保證」時，務須注意此一規定。

一、簽訂人事保證契約應注意事項

何謂「人事保證」？其乃指當事人約定，一方於他方的受僱人將來因職務上的行爲而應對他方爲損害賠償時，由其代負賠償責任的契約（參見《民法》第756條之1）。於簽訂「人事保證契約」時，應注意以下四點：

㈠人事保證契約應以「書面」爲之（參見《民法》第756條之1第2項）。

㈡人事保證契約所約定的保證期間不得逾「三年」，如逾三年，則縮短爲「三年」；不過此一期間，當事人於「三年」期滿後，得不斷地「更新」（參見《民法》第756條之3）。

㈢人事保證契約內宜訂明負賠償責任的數額，因爲《民法》第756條之2第2項規定：「保證人依前項規定負賠償責任時，除法律另有規定或契約另有訂定外，其賠償金額以賠償事故發生時，受僱人當年可得報酬的總額爲限。」。

㈣人事保證契約對於保證人終止保證，宜規定其行使終止權的行使期間，因爲《民法》第756條之4規定：「人事保證未定期間者，保證人得隨時終止契約。前項終止契約，應於三個月前通知僱用人。但當事人約定較短之期間者，從其約定。」

二、雇主於人事保證契約期間應注意事項

除了上述規定外，筆者認爲僱用人還應注意以下之規定，即：如有下列情形之一者，僱用人依《民法》第756條之5規定，應即通知保證人：

㈠僱用人依法得終止僱傭契約，而其終止事由有發生保證人責任之虞者。

㈡受僱人因職務上的行爲而應對僱用人負損害賠償責任，並經僱用人向受僱人行使權利者。

㈢僱用人變更受僱人的職務或任職期間、地點，致加重保證

人責任或使其難於注意者。

三、契約書範例

◎範例：人事保證契約書

立保證書人王甲，謹為李乙受雇任職○○○公司之職務保證人，並同意如下事項：

一、保證人李乙任職○○○公司期間，如因職務上之行為而應對該公司負損害賠償責任，經公司依法求償而未獲賠償時，代負損害賠償之責任。

二、保證人對前項之賠償責任，以事故發生時，李乙當年可得報酬之總額為限度內，負其責任，且於賠償限度內，承受該損害賠償請求權。

三、公司於有下列情形之一者，應即通知保證人：

㈠僱用人依法得終止僱傭契約，而其終止事由有發生保證人責任之虞者。

㈡受僱人因職務上之行為而應對僱用人負損害賠償責任，並經僱用人向受僱人行使權利者。

㈢僱用人變更受僱人之職務或任職時間、地點，致加重保證人責任或使其難於注意者。

保證人受前項通知或知有前項各款情形者，均得終止契約。

四、保證期間自民國○○年○月○日起至○○年○月○日止，合計三年。

五、本契約書一式二份，由○○○公司與保證人王甲各執乙份為憑。

此致

○○○公司

立保證書人：王甲

住址：

身分證統一編號：

中　華　民　國　○　○　年　○　○　月　○　○　日

雇主在何種情形下，可對違反勞動契約或工作規則的勞工終止勞動契約？

雇主欲解僱勞工，在《勞動基準法》第12條第1項中有規定法定事由，其中於該項第4款規定，如果勞工違反「勞動契約」或「工作規則」情節重大時，雇主可以不必經過「預告」，就可以依法直接終止。究竟什麼是違反勞動契約或工作規則情節重大？雇主可不可以因員工工作表現不好，就貿然加以解雇。這樣的解僱是否合法？會不會發生終止勞動契約的法律效力？往往也成爲爭議所在，甚至有些還爲此上法院法打官司。

一、*雇主解僱勞工必須注意合法性*

國內近些年來「勞資爭議」逐日增加，雇主對於受《勞動基準法》保障的勞工，欲進行終止勞動契約，必須注意合法性！

雇主對於工作表現不理想的勞工，《勞動基準法》第12條第1項列有六款，得不經「預告」（註1）而終止契約的法定事由，即：㈠於訂立勞動契約時爲虛僞意思表示，使雇主誤信而受有損害之虞；㈡對於雇主、雇主家屬、雇主代理人或其他共同工作的勞工，實施暴行或有重大侮辱的行爲；㈢受有期徒刑以上刑之宣告確定，而未諭知緩刑或未准易科罰金者；㈣違反「勞動契約」或「工作規則」情節重大者；㈤故意損耗機器、工具、原料、產品，或其他雇主所有物品，或故意洩漏雇主技術上、營業上的祕密，致雇主受有損害者；㈥無正當理由繼續曠工三日或一個月內曠工達六日者。

實務上，常有雇主以勞工「違反勞動契約或工作規則情節重大」事由，不經預告，對勞工終止勞動契約，即將該名勞工予以解雇，剖析如下。

二、何謂勞工「違反勞動契約或工作規則情節重大」？

首先勞工在工作上的不當行為，必須有違反其與雇主間的「勞動契約」，或雇主公司所訂的「工作規則」（註2），而且必須是「情節重大」。而何謂「情節重大」？係以勞工違反勞動契約或工作規則的行為，導致雇主受有損害，如果繼續該勞動契約關係，將妨害雇主利益，難以期待達到契約目的（註3）。

是否構成「情節重大」的認定，原則上雇主應參酌一般社會通念、事業單位的性質與文化，及勞工的行為對企業經營上造成的影響，來認定勞工違反「勞動契約」或「工作規則」的情形是否「情節重大」（註4）。

三、案例分析

就上述勞工違反勞動契約或工作規則的行為是否「情節重大」，為便於明瞭起見，例舉如下：

㈠勞工擔任公車駕駛員，飲酒過量駕車發生交通事故，違反公司所訂立的「工作規則」及「台北市公共汽車管理處營業客車行車事故處理要點」，且其情節重大，而遭雇主依《勞動基準法》第12條第1項第4款終止勞動契約（最高法院92年台上字第138號判決）。

㈡甲公司受僱勞工將公司製造避震器的設計圖，提供予別的公司在外面製造與甲公司相同規格的避震器，該受僱勞工違反甲公司工作規則第36條之規定，甲公司遂依《勞動基準法》第12條第1項第4款規定終止勞動契約（最高法院92年台上字第1045號判決）。

四、雇主行使「終止權」的應注意事項

如果勞工確有違反勞動契約或工作契約的行為，且情節重大，雇主欲終止勞動契約，行使終止權應注意以下三點：

㈠應自「知悉」其情形之日起，「三十日」內為之（《勞動基準法》第12條第2項）；此「三十日」為「法定除斥期間」（行政院勞委會82.3.9台勞資二字第11208號函）。

㈡上述「知悉」當以雇主確信勞工有符合《勞動基準法》第12條第1項第4款的構成要件（行政院勞委會89.5.23台勞資二字第

0018962號函）。

㈢雇主行使終止權，依《民法》第263條準用第258條第1項規定，應向勞工以「意思表示」為之（最高法院82年台上字第1468號判決）。

綜上所述，雇主因勞工違反勞動契約或工作規則且情節重大而解僱勞工，必須依法行事，切勿草率、貿然為之，俾免生無謂爭議。

註1：如果屬於須「預告」，即應依《勞動基準法》第16條規定給予「預告期間」。

註2：「工作規則」就是事業單位依其性質而訂定的內部管理規則；《勞動基準法》第70條第1項規定：雇主僱用勞工人數在三十人以上者，應依其事業性質，就法定事項訂立工作規則，報請主管機關核備並公開揭示。

註3：郭玲惠著：勞動契約法論，頁229，2011年9月初版一刷，三民書局發行。

註4：鄭津津著：職場與法律，頁72，2010年9月三版一刷，新學林出版公司出版。

勞工代打卡遭公司發現，公司可以不經預告逕自終止勞動契約嗎？

Q 案例

甲、乙二人是夫妻，二人同在一家水電空調公司上班，該公司曾公告，如有代人打卡造成僞造出勤紀錄者，直接革職。甲曾兩次代乙打卡，經公司發現，公司即依《勞動基準法》第12條第1項第4款：「違反勞動契約或工作規則，情節重大者」的規定，將甲、乙二人終止勞動契約，此一終止合法嗎？

A 解析

按《勞動基準法》對於雇主可以行使「終止權」，終止其與勞工間的「勞動契約」；可分為「經預告終止勞動契約」與「不經預告逕自終止勞動契約」。前者規定於《勞動基準法》第11條，如有該條所列五款事由之一（註1），雇主即可「預告」（《勞動基準法》第16條）勞工終止勞動契約。至於後者則需有《勞動基準法》第12條第1項所列六款事由之一；一旦勞工有前述六款事由之一，雇主可以逕自終止，此屬於可歸責於勞工的終止契約。

就本案列主要是針對《勞動基準法》第12條第1項第4款之適用問題。

我國《勞動基準法》第12條第1項第4款固然規定，勞工違反勞動契約或工作規則「情節重大」者，雇主得不經預告終止勞動契約，在此所指的「情節重大」，雇主應以社會一般的通識與其對經營上的影響，權衡輕重（註2）。台灣高等法院92年度勞上字第3號判決認為：《勞動基準法》第12條第1項第4款所謂「情節重大」的要點，並不在於「致生重大損害」；而是指該事由到「勞動關係」進行受到干擾，而有賦予雇主立即終止勞動契約關係的必要（註3）。

就以本案例，水電空調公司固有公告禁止員工代打卡，其員工甲、乙竟為代打卡的行為，雖屬違反規定，但依其情節，由社會一般的通識觀之，尚難認「情節重大」（參見台灣高等法院91年度勞上易字第67號判決）（註4），所以此一終止應不符前述《勞動基準法》第12條第1項第4款之規定，故不生終止的法律效力！

註1：《勞動基準法》第11條：非有左列情事之一者，雇主不得預告勞工終止勞動契約：1.歇業或轉讓時。2.虧損或業務緊縮時。3.不可抗力暫停工作在一個月以上時。4.業務性質變更，有減少勞工之必要，又無適當工作可供安置時。5.勞工對於所擔任之工作確不能勝任時。

註2：參見林振賢著：勞動基準法釋論——比較、理論、實際，頁116～117，民國83年6月1日初版，自刊本。

註3：參見張清滄編著：勞動基準法裁判摘錄212則，頁33，2004年6月初版發行，復文書局出版。

註4：參見張清滄編著：前揭書，頁14。

員工批評老闆，開除？

Q 案例

張大受僱於美美壽險公司，卻無視於公司「工作規則」（註）的規定，常私下批評公司的要求不合理，公司的老闆能否以此爲由，將張大開除呢？

A 解析

常見雇主於公司的「工作規則」中規定，員工損及公司名譽時，公司得解僱員工；但眞的發生這種事情時，雇主是不是眞的可援引該項約定解僱員工，實在值得商榷。根據《勞動基準法》第12條第1項第4款規定，違反勞動契約或工作規則，情節重大者，雇主得不經預告終止契約。因此，若是勞工對於公司有不滿之批評或提出異議者，是否構成「情節重大」而符合《勞動基準法》有關該條項的解僱規定？《勞動基準法》中並沒有明確規定，在有爭議的情況下，應由法院依個案具體情形來認定。一般而言，如果勞工對於雇主的批評，對勞務的提供發生影響性，或對事業場所秩序造成妨害，或對於事業外在的信譽形成傷害時，應屬「情節重大」，而構成雇主可據此解僱勞工的事由。如果勞工只是在茶餘飯後與同事聊天時，拿雇主開玩笑，或是在會議場合對於雇主或事業的經營出於善意的批評，雇主應以較開闊的胸襟來對待或以較緩和的方式來規勸、處理，而不應動輒以「解僱」來懲罰勞工。

註：「工作規則」乃指僱用多數勞工的事業單位，為規定該事業單位所屬勞工工作上應遵守的規律，以及工資、工作時間與其他勞動條件的具體事項所作成的規則。參見林振賢著：修正勞動基準法釋論，頁401，民國88年2月8日初版，捷太出版社出版。

雇主對於勞工情緒失控出言不遜的勞工，可以終止勞動契約嗎？

Q 案例

甲勞工服務於大大冷凍空調公司，大大冷凍空調公司蔡董交代甲勞工工作，甲勞工不爽，竟口出惡語對蔡董說：「他媽的，怎麼老是交代我去做，為何不找其他人」。

大大公司蔡董認為甲勞工對雇主有「重大侮辱」行為，打算對之終止勞動契約；試問：大大公司蔡董可以直接終止勞動契約嗎？

A 解析

按《勞動基準法》第12條第1項第2款規定：勞工對於雇主、雇主家屬、雇主代理人或其他共同工作的勞工、實施「暴行」或有「重大侮辱」的行為者，雇主得不經「預告」終止契約。

勞工如有《勞動基準法》第12條第1項第2款的終止勞動契約事由者，雇主應自知悉其中情形之日起「三十日」內為之；前述「三十日」屬「法定除斥其間」（行政院勞工委員會82.3.9台勞資二字第11208號函）；至於前所謂之「知悉」，當以雇主確信勞工有符合該款的構成要件，且知悉期間之起算，基於勞雇關係從屬特性中，雇主有指揮監督權及照顧扶助勞工義務之事實，當以「雇主」應知悉爲準（行政院勞工委員會89.5.23台勞資二字第0018962號函）。

又該款事由中所稱之「重大侮辱」行爲，依台灣高等法院108年度勞上字第76號民事判決認爲：「自解僱最後手段性原則言，侮辱之情節，應就具體事件，衡量受辱者……所受侵害之嚴重性，並斟酌勞工及受侮辱者雙方之職業、教育程度、社會地位、行爲時所受之刺激、行爲時之旁觀環境及平時使用語言之習慣等事項，視勞工之行爲是否已嚴重危害勞動契約之繼續存在等一切情事爲綜合之判斷，若依社會通念並非重大，而參照個案具體狀況，爲其他懲戒處分如警告、申誡、記過、扣發獎金等即可達到維護工作場所之紀律，防止類似事件再度發生時，即可期待雇主僅爲其他較爲輕微之處分，而非可逕行解僱勞工」（註1）。最高法院90年度台上字第1361號判決也有認爲：「『他媽的』、『Bullshit』等語，依社會通常觀念，僅表示『輕蔑』或『不屑』之意……被上訴人……因與其上司意見不合，一時情緒失控出言不遜，當難謂係重大侮辱之行爲，上訴人遽行解僱被上訴人，於法未合……」（註2）。

由上述分析，可知雇主如欲以勞工有「重大侮辱」，而進行終止勞動契約，必須相當謹慎且嚴謹地瞭解才處理，切勿貿然行之；更何況，司法實務還有「解僱最後手段性原則」！

就前開案例，如果勞工一時情緒失控而對雇主出言不遜，僅說了「他媽的」這句話，大大空調公司蔡董不宜逕自採用「終止勞動契約」的手段；甲勞工之情緒失控而出言不遜，在職場上也非常不妥，公司應先加以勸導，俾達勞資關係之和諧。

註1：台北大學法律學院勞動法研究中心主編：當前勞動法與企業實務之對話，頁147，2022年11月初版第3刷，元照出版有限公司出版。

註2：周昌湘主編：《勞動基準法》解釋令彙編，頁117，民國92年10月初版，永然文化出版股份有限公司出版。

「試用期間」有何法律根據？

Q 案例

王大明主持一工廠，新進員工進入工廠，王大明每代表工廠與之訂立勞動契約，其內均有「試用期間」的約定。請問「試用期間」的法律規範如何？

A 解析

談到試用期間的相關問題，因勞動契約是屬於「私法契約」，本於「私法自治」及「契約自由」的原則，只要不違反法律強制或禁止的規定，契約當事人得就契約內容爲自由的約定。由於勞動關係是一種繼續性的法律關係，勞雇雙方對於工作環境、工作條件及工作能力等是否能彼此適應，往往非僅憑短暫的面試即可充分了解，因此，一般企業用人，爲了讓勞雇雙方彼此進一步了解以適應將來工作需要，往往在簽訂勞動契約時定有試用期間。依社會一般觀念，在試用期間內，勞雇雙方任何一方均可自由決定是否繼續勞動關係，並可隨時終止勞動契約。那麼，試用期間的約定有沒有法律上的依據？

在民國86年6月12日《勞動基準法施行細則》修正前，原有

「試用期間不得超過四十日」的規定，因此，對在法律所定的試用期間內或屆滿時因「試用不合格」經雇主終止勞動契約者，雇主可以不用支付資遣費。不過，在民國86年6月12日《勞動基準法施行細則》修正後，有關試用期間的規定已被刪除，雖然勞雇雙方依工作特性，在不違背誠信原則下，仍可自由約定合理的試用期間，然而，在試用期間內或期間屆滿雇主欲終止勞動契約時，仍應符合《勞動基準法》第11條或第12條所定要件。其依《勞動基準法》第11條規定資遣時，並應依《勞動基準法》第16條預告及依第17條規定發給資遣費（參勞委會86年9月3日台勞資二字第035588號函）。由此可見，以往所謂在試用期間內雇主可隨意終止勞動契約，並且不用支付資遣費的觀念，依現行《勞動基準法》的解釋已經行不通了。所以，雖然在試用期間內，雇主非有《勞動基準法》第11條或第12條所定要件之一時，仍不得終止勞動契約，否則，其終止將不生法律上的效力。

認識勞動契約，保障工作權益

Q 案例

張大赴金金貿易有限公司任職，雇主欲與之簽訂勞動契約，張大因對法律一無所知，不知道簽訂勞動契約應注意哪些事項？

A 解析

我國自民國73年7月30日總統公布《勞動基準法》，該法原僅適用於：一、農、林漁、牧業；二、礦業及土石採取業；三、製造業；四、營造業；五、水電、煤氣業；六、運輸、倉儲、通信業；七、大衆傳播業；八、其他經中央主管機關指定的事業。然該法於民國85年12月27日修正公布，其規定民國87年12月31日前各行各業均適用本法，但「適用有窒礙難行者」不在此限。而《勞動基準法》爲了保障勞工權益，於第二章定有「勞動契約」專章，筆者願藉本文探討如何訂立勞動契約，勞工明瞭之後，可藉以保障勞動權益。

一、勞動契約的意義及種類

所謂「勞動契約」，乃指約定勞雇關係的契約（參見《勞動基準法》第2條第6款），其不同於「委任契約」，也不同於「承攬契約」。

然其與「僱傭契約」的關係如何？事實上，「……勞雇（動）關係之契約，……有別於《民法》上的僱傭契約。……《民法》上的僱傭關係是屬於債法上的關係，純爲兩個經濟行爲者的價值交換……但勞動關係卻非單純的價值交換，一般勞動學者間多強調勞動關係尙有一種身分上的從屬關係。……勞工必須攜帶整個身體，在雇主的指揮下服勞務。……」（註1）。

再者，勞動契約，分爲「定期勞動契約」及「不定期勞動契約」（參見《勞動基準法》第9條第1項）。現行《勞動基準法》乃以「不定期勞動契約」爲常態，「定期勞動契約」爲例外。所以，本法規定，凡是「繼續性工作」即應爲「不定期契約」，僅有下列情形，方得爲「定期契約」：

㈠臨時性工作：指無法預期的非繼續性工作，其工作期間在六個月以內者。例如：天災事變，僱人清理環境，工作完成即不再繼續僱用。此工作乃「偶然出現」。

㈡短期性工作：指可預期於六個月內完成之非繼續性工作（參見《勞動基準法施行細則》第6條第1項第2款）。

㈢季節性工作：指受季節性原料、材料來源或市場銷售影響的非繼續性工作，其工作期間在九個月以內者。例如：台糖公司在甘蔗收成期僱人收割甘蔗。

㈣特定性工作：指可在特定期間完成之非繼續性工作。其工作期間超過一年者，應報請主管機關核備。例如：爲完成水壩工程所僱用的人員。

又如果爲「臨時性工作」或「短期性工作」的定期契約，於有下述情形之一者，則視爲不定期契約：

1.勞工繼續工作而雇主不即表示反對意思者。

2.雖經另訂新約，但其前後勞動契約工作期間超過「九十日」，前後契約間斷期間未超過「三十日」者（參見《勞動基準法》第9條第2項）。

二、勞動契約的訂立

我國《勞動基準法》中對於勞動契約的訂立內容並無規定，但《勞動基準法施行細則》則於第7條規定，應就下列事項按《勞動基準法》的規定而爲約定：

㈠工作場所及應從事之工作。

㈡工作開始與終止之時間、休息時間、休假、例假、休息日、請假及輪班制之換班。

㈢工資之議定、調整、計算、結算與給付之日期及方法。

㈣勞動契約之訂定、終止及退休。

㈤資遣費、退休金、其他津貼及獎金。

㈥勞工應負擔之膳宿費及工作用具費。

㈦安全衛生。

㈧勞工教育及訓練。

㈨福利。

㈩災害補償及一般傷病補助。

⑪應遵守之紀律。

⑫獎懲。

⑬其他勞資權利義務有關事項。

以上各點只是指示原則，勞雇雙方在不違背法令規定及《勞動基準法》的最低勞動基準條件下，自可依據事業特性及勞雇雙方的需要而訂立（註2）。

除應注意以上說明之外，在訂立勞動契約時，還應注意以下九點：

㈠事業單位與勞工訂立書面契約之內容不得違反法令之規定。

㈡僱用勞工如為女工、童工時，應依《勞動基準法》之規定增訂保護條款。

㈢定期契約工之僱用，必須符合《勞動基準法》及其施行細則之規定；定期契約如為續約時，應增訂前後年資合併之條款。

㈣工作項目採列舉方式訂明，其內容並應與勞方工作技能及意願相配合。

㈤雇主不得以強暴、脅迫、拘禁或其他非法之方法，強制勞工從事勞動。

㈥任何人不得介入他人之勞動契約，抽取不法利益。

㈦事業單位如有分支機構時，勞動契約履行之地點，應明白約定（註3）。

㈧由於勞動契約為不要式契約，所以，不論以「書面」或「口頭」均可成立，但以「書面」為宜，利用書面明確訂立雙方的權利、義務及其他應履行的條件。

㈨如有「團體協約」，可本於團體協約訂立勞動契約。我國《團體協約法》第1條規定：「稱團體協約者，謂雇主或有法人資格之雇主團體，與有法人資格之工人團體，以規定勞動關係為目的所締結之書面契約。」，由上述規定可知，「團體協約」為一指導原則，作為決定將來勞動契約的基礎或標準，所以，勞工知有團體協約時，可以團體協約為基準，與其雇主訂立勞動契約。

四、勞資糾紛的解決

一旦勞資雙方發生糾紛時，應如何解決呢？解決方法如下：

㈠私下協調；

㈡由律師居中調解；

㈢可赴鄉鎮市調解委員會協調；

㈣至政府的勞動主管機關申請調解；

㈤到法院調解。如上述途徑皆無法解決糾紛，則還可於雙方之仲裁協議下，向仲裁協會申請仲裁（參見《仲裁法》的規定）。若再不行，也可到法院依《勞動事件法》規定提起訴訟，由法院予以判決。

註1：參見林振賢著：《勞動基準法》釋論，頁95～96，民國83年6月1日初版，自刊本。

註2：參見張清滄編著：《勞動基準法》實用，頁52，民國78年5月初版發行，復文書局發行。

註3：參見沈曾圻、衛民主編：勞動契約指引，頁31，民國75年4月1日再版，中華民國勞資關係協進會出版。

「工作規則」怎麼訂？

Q 案例

大大房屋仲介公司爲一直營公司，已有員工五十餘人，李大鵬任職該公司人事主任，該公司董事長要李大鵬訂出公司的「工作規則」，李大鵬應如何訂立？

A 解析

《勞動基準法》第七章規定「工作規則」，其中第70條規定，雇主僱用勞工人數「三十人」以上者，應依其事業性質，就工時、休假、工資標準、津貼獎金……等事項訂立工作規則，報請「主管機關」核備並公開揭示。所以，適用《勞動基準法》的行業且僱用勞工人數在「三十人」以上者，即應依規定制定「工作規則」；工作規則具有一定功用（註），雇主應加以善用。

雇主如欲制定工作規則時，應注意以下三點：

一、工作規則不得違反法令的「強制規定」或「禁止規定」，或其他有關該事業適用的「團體協約」之規定；如有上述情事，該規定即屬「無效」（參見《勞動基準法》第71條）。

二、工作規則應包括下列事項：

㈠工作時間、休息、休假、國定紀念日、特別休假及繼續工作的輪班方法；

㈡工資的標準、計算方法及發放日期；

㈢延長工作時間；

㈣津貼及獎金；

㈤應遵守的紀律；

㈥考勤、請假、獎懲及升遷；

㈦受僱、解僱、資遣、離職及退休；

㈧災害傷病補償及撫卹；

㈨福利措施；

㈩勞雇雙方應遵守勞工安全衛生規定；

⑾勞雇雙方溝通意見加強合作的方法；

⑿其他。

三、雇主於訂立工作規則，可參考勞動部訂定的「工作規則審核要點」，主管機關審核工作規則一般的注意事項爲：

㈠工作規則的文字應淺顯確定，名詞應與《勞動基準法》一致。

㈡依「勞動條件明示原則」，其內容宜照《勞動基準法》第70條力求完整，確無必要者免列。

㈢本於勞資協調合作的基本精神。

㈣工作規則未敘明適用範圍者，主管機關於審核時應主動向事業單位確認，並輔導其載明適用範圍。

受僱人如其所從事的行業適用《勞動基準法》，且其雇主已依規定制定並公開工作規則時，務必遵守工作規則；因爲《勞動基準法》第12條第1項第4款規定，勞工違反「工作規則」，情節重大者，雇主得不經「預告」，而終止勞動契約；受僱人爲了避免遭解僱，自應遵守「工作規則」，更不得有違反工作規則情節重大的情事發生。不過受僱人若有上述情事，雇主的「終止權」應自知悉其情形之日起，「三十日」內爲之；逾期，則喪失此一終止權。

工作規則範例，請見勞動部網站：https://tinyurl.com/yc5n54xc，或掃描右列QRCode。

註：工作規則的作用，主要有以下四點：1.工作規則在勞動條件的規定上，有輔助與引導「團體協約」的作用；2.工作規則有溝通的功能，一經公告周知，全體勞工即可瞭解並遵守工作場所秩序；3.可排除雇主的任意作為，使勞資關係更為明確；4.工作規則是測量勞資關係的溫度計。參見林振賢著：修正勞動基準法釋論，頁415，民國88年2月8日初版，捷太出版社出版。

勞動契約中可以訂立服務年限及違約責任嗎？

Q 案例

李大明經營一營造公司，他常為員工的流動而心煩，他打算今後於僱用員工時，即與員工簽訂「書面契約」，契約中約定員工的任職服務年限，並約定該員工無故離職的違約責任。如此做，依法是否可行？

A 解析

勞動契約屬於「私法契約」，但其並不僅僅為財產價值的交換而已，其間的人格信用也極為重要。為了讓勞工善盡其職，雇主對於員工往往須付出相當的培訓成本並交付業務上的重要事項，而員工為了投入工作，往往也須付出相當的時間及精神，尤其勞雇之間工作默契的培養，更非短時間所能速成，因此在現代工商業社會中，雇主已把員工看成是其企業的重要資產，而員工也把工作及職位當成其發揮才能的重要舞台。所以，雇主對於其所培訓或負託業務的員工，或員工基於其對工作的投入及未來的發展規劃，當然希望彼此的勞動關係能較長久維持，或至少維持一定的期間，以免造成人力、物力等資源的浪費。另一方面，對員工的工作權益，也希望在《勞動基準法》所定的相關保障外，基於契約的約定而有更進一步的確保。

勞雇雙方對此一定期間的維持為相互承諾或保證，並約定對於違反該期間約定而提前片面終止勞動契約者，為一定程度的違約處罰，需特別注意是否有符合《勞動基準法》第9條之1規定：「Ⅰ.未符合下列規定者，雇主不得與勞工為離職後競業禁止之約定：一、雇主有應受保護之正當營業利益。二、勞工擔任之職位或職務，能接觸或使用雇主之營業秘密。三、競業禁止之期間、區域、職業活動之範圍及就業對象，未逾合理範疇。四、雇主對勞工因不從事競業行為所受損失有合理補償。Ⅱ.前項第四款所定合理補償，不包括勞工於工作期間所受領之給付。Ⅲ.違反第一項各款規定之一者，其約定無效。Ⅳ.離職後競業禁止之期間，最長不得逾二年。逾二年者，縮短為二年。」。符合前開規定的前提下，基於「契約自由原則」，既然勞雇雙方願意相互約定公平地受此約束，且此種約定不但非法之所禁，也契合社會經濟發展的需要。

台灣台北地方法院102年度勞訴字第112號判決認為：「……最低服務年限條款……其特性在於雇主係以違約金等方式，要求受僱人負擔服務滿一定年限，倘受僱人未達約定之服務年限而期前離職時，即需負債務不履行賠償責任時，法院始就最低服務年限違約金約定效力爲判斷……」（註），可知勞動契約服務年限，也可約定違反時之違約金，但須注意符合法律規定。

範例

範例：最低服務年限條款

為保障公司對員工之培訓與資源投入，雙方同意如下最低服務年限條款：

1.最低服務期間：

員工同意自正式到職日起，至少於本公司連續服務滿__年（建議：1～3年）。未達前述最低服務期間者，不得自行離職，除非獲得公司書面同意。

2.提前離職之違約責任：

若員工於最低服務年限屆滿前自行辭職或因個人因素遭解僱（依法可解雇者除外），須向公司支付合理補償金（例如：培訓費用、遷徙補助或其他實際成本），最高不超過新台幣______元（建議列出金額上限或明訂計算方式）。

3.例外情況：

本條款不適用於因重大疾病、家庭緊急狀況或其他不可抗力因素經公司認定者，並須附上相關證明文件。

4.其他約定：

公司於入職時提供之培訓或補助明細，作為本條款執行之依據。員工知悉並同意遵守。

註：陳金泉著：勞動訴訟實務，頁373～374，2020年9月一版一刷，新學林出版社出版。

企業經營者對留職停薪與職務調動的法律須知

Q 案例

惠君懷胎八月，臨盆在即，公司老闆卻在此時以惠君應在家裡好好待產爲由，要求她辦理「留職停薪」。惠君直覺有異，生怕一旦辦理留職停薪，未來就等於失去工作機會，令她惶惶不安，不知該怎麼辦？

A 解析

經營企業僱用員工，必須訂立「勞動契約」，而《勞動基準法》爲保障勞工權益，訂有相關保障勞工的規定。所謂「勞工」，是指受雇主僱用從事工作獲致工資者（參見《勞動基準法》第2條第1款），所以，雇主對勞工有勞動力處分的指揮命令權（或稱指揮監督權）。

一般稱「勞動契約」，屬「僱傭」性質，而「僱傭」不同於「委任」、「承攬」；勞工與雇主間有「人的從屬性」，既然如此，則雇主是否可任意對其員工調動職務，或要求懷孕的女性員工留職停薪？

一、留職停薪

我國《勞動基準法》中並無規定，惟《性別平等工作法》（註1）第16條第1項規定：「受僱者任職滿六個月後，於每一子女滿三歲前，得申請育嬰留職停薪，期間至該子女滿三歲止，但不得逾二年。同時撫育子女二人以上者，其育嬰留職停薪期間應合併計算，最長以最幼子女受撫育二年爲限。」

「留職停薪」不同於終止勞動契約，前者係指使原本繼續性契約性質的勞動契約處於「暫時停止之狀態」；後者則係指由一方向另一方基於特定事由所爲單獨意思表示，使勞動關係向後消滅的行爲。關於「留職停薪」實務上有下述二個問題值得探討：

㈠女性員工於懷孕期間，公司可否請求其留職停薪？若公司於員工到職時，於員工與公司間的合約訂有相關的規定，此一約定是否合法？

《勞動基準法》相當重視女性勞工權益的保障，依該法第51條規定，女性勞工在「妊娠期間」，如有較輕易的工作，得申請改調，雇主不得拒絕，並不得減少其工資，又同法第50條第1項規定：「女工分娩前後，應停止工作，給予產假八星期；……」，同法第13條規定：「勞工在第五十條規定之停止工作期間……，雇主不得終止契約。……」，足見其對女性勞工權益的保障。

由此看來，公司無權請求懷孕的女性勞工「留職停薪」。至於如該女性員工於到職時，與公司在勞動契約內約定：「勞工懷孕時，應即留職停薪」，此一約定屬於歧視女性勞工的約定，應屬「無效」（參見台灣高等法院84年度勞上字第10號判決）。更何況《性別平等工作法》第11條第2項規定：「工作規則、勞動契約或團體協約，不得規定或事先約定受僱者有結婚、懷孕、分娩或育兒之情事時，應行離職或留職停薪；……」，同條第3項規定：「違反前二項規定者，其規定或約定無效……」。

㈡留職停薪的員工復職時，若因公司縮編確實沒有適合的職缺，員工可否請求「資遣費」或其他賠償？

依前所述，女性員工懷孕，雇主固不得強制該員工「留職停薪」，但如該女性員工於分娩後，任職已滿六個月，則該女性員工於一子女滿三歲前，得申請育嬰留職停薪，期間至該子女滿三歲止（參見《性別平等工作法》第16條第1項）。

至於受僱者在育嬰留職停薪期滿申請復職，原則上雇主不得拒絕，但有下述情形，並經「主管機關」同意者，不在此限：

1.歇業、虧損或業務緊縮者。

2.雇主依法變更組織、解散或轉讓者。

3.不可抗力暫停工作在一個月以上者。

4.業務性質變更，有減少受僱者的必要，又無適當工作可供安置者（參見《性別平等工作法》第17條第1項）。

女性員工於申請復職，遭到雇主以法定事由拒絕時，可以依法要求按法定標準發給「資遣費」或「退休金」。就以「資遣」爲例，適用《勞動基準法》第17條規定，即㈠在同雇主的事業單位繼續工作，每滿一年發給相當於一個月平均工資的資遣費；㈡依前款計算的剩餘月數，或工作未滿一年者，以比例計給之。未滿一個月者，以一個月計。

二、調動職務

調動職務，簡稱爲「調職」，在一般企業裡，可說或多或少皆有調職的情事，而且調職也不再侷限於同一工作場所或同一企業，即使在同一企業不同職場，甚至「關係企業」間的調職活動也時有所聞。調職不同於「出差」，也不同於「暫時支援」；所謂「調職」，乃指雇主變更員工的配置，且通常伴隨工作場所或職務內容的變更。

對於調職，依《勞動基準法》第10條之1規定調動勞工工作需依以下五項原則：

㈠必須基於企業經營上所必要，且不得有不當動機及目的。

㈡對勞工薪資及其他勞動條件未做不利的變更。

㈢調動後工作與原有工作性質必須爲勞工體能及技術所可勝任。

㈣調動工作地點過遠，雇主應予以必要的協助（註1）。

㈤考量勞工及其家庭之生活利益。

因此，調職固然是企業內人事運用的重要一環，但因可能爲勞工帶來不利益，所以調職不得有「權利濫用」的情事發生，而判斷基準則是各個調職命令在業務上有無必要性或合理性，與勞工接受調職命令後所可能產生生活上的不利益程度，爲綜合的比較、考量，再考慮其中是否有動機與目的上的不當（註2）。

除了解前述法理之外，尚有二個問題值得探討：

㈠關係企業間調職須具備何種條件？

關於此一問題，其條件應具備：1.企業有進行關係企業間職務異動的必要；2.勞動契約、工作規則或團體協約中約定雇主得進行關係企業的職務調動；3.員工調動後的勞動條件明確，且無不合理的不利益變更。爲了便於了解，更可參見台灣高等法院91年勞上易字第5號判決，該判決認爲：「……關係企業內之各個事業單位，在法律上係各自獨立之法人公司，因而勞工受僱於其中之一，但事後被調動至其他事業單位，事實上雖仍爲同一關係企業內，但就法律上而言，其實已被調動至其他法人公司，因而即發生雇主有所變動之情形，亦即勞動契約當事人根本已有所變動，而僱用人非經受僱人同意不得將其勞動請求權讓與第三人，當事人一方違反規定，他方得終止契約。……反之，若已得勞工同意，則公司應營運之必要而爲勞工之調職，尚非法所不許。上訴人公司工作規則第三十三條規定：『因業務需要，本公司得依政府頒行調動勞工工作五原則，以調動本公司及所屬關係企業之員工。』不論勞工是否知悉工作規則之存在及其內容，或是否予以同意，除該工作規則違反法律強制規定或團體協約外，當然成為僱傭契約內容之一部分，則被上訴人因業務需要，依政府頒行調動勞工工作五原則以調動公司所屬關係企業之員工，即無違反《民法》第484條……」。

㈡若員工從關係企業其中一家公司調至另一家公司時，其年資要如何計算？

依《勞動基準法》第57條規定：「勞工工作年資以服務同一事業者為限。但受同一雇主調動之工作年資，及依第二十條規定應由新雇主繼續予以承認之年資，應予併計。」關係企業的兩家公司在法律上係個別獨立的法人，關係企業間的調動，年資並非當然併計。筆者並建議後公司應承認該調動員工之前公司的年資，且為免日後爭議，宜以「書面」詳為約定。

綜上所述，不論「留職停薪」或「職務調動」，均涉及員工權益，且受法律規範，雇主應尊重去律的相關規定妥適處理，俾免觸法，且維持和諧的勞資關係。

註1：《性別平等工作法》原名《兩性工作平等法》，民國97年1月6日總統令修正更名《性別平等工作法》，民國112年8月16日總統令修正再次更名《性別平等工作法》。

註2：參見邱駿彥撰：〈調職法理之探討〉乙文，載劉志鵬等主編；勞動法裁判選輯，頁253，1998年5月初版，月旦出版社出版。

勞工於勞工契約終止後，請求發給服務證明書？

Q 案例

阿旺在大大空調公司任職，前後服務已三年，嗣後大大公司因受Covid-19疫情的影響而結束營業，並依《勞動基準法》第11條規定，終止阿旺的勞動契約。大大公司也依規定發給阿旺「資遣費」。

阿旺因再進行另外謀職的需要，是否有權利向大大公司請求發給「服務證明書」？又阿旺爲申請勞保「失業給付」的需要，可否要公司在該證明書上註記「非自願離職」？

A 解析

我國《勞動基準法》第19條規定：「勞動契約終止時，勞工如請求發給服務證明書，雇主或其代理人不得拒絕。」，在此所稱的「服務證明書」，一般台灣民間稱之爲「離職證明書」。就本案例中的阿旺可以依上開規定，向大大空調公司請求發給「服務證明書」。大大公司如果違法拒絕給予，阿旺可以向主管機關檢舉，主管機關即會以公司違反《勞動基準法》第19條規定，進而依《勞動基準法》第79條第3項開罰，處「新台幣二萬元以上三十萬元以下罰鍰」。

又阿旺是否可以要求大大公司在「離職證明書」上註記終止勞動契約的原因屬於「非自願離職」？

◎ **範例：離職證明書**

○○關係事業

離職證明書

姓　　名	張○○	員工編號	○○○○
身份證號	B○○○○○○○○○	性　　別	女
任職公司	○○○	任職部門	○部門
任職職稱	組長	出生日期	19○○年○月○日
任職期間	自 19○○年○月○○日　至　20○○年○月○○日		
户籍地址	桃園市○○區○○里○鄰○○路○號○樓		
備　　註			

中　華　民　國　○○○　年　○○　月　○○　日

由於《就業保險法》中的「保險給付」有「失業給付」的規定，依該法第11條第1項第1款規定：「失業給付：被保險人於非自願離職辦理退保當日前三年內，保險年資合計滿一年以上，具有工作能力及繼續工作意願……」、同法第16條第1項規定：「

失業給付按申請人離職辦理本保險退保之當月起前六個月平均月投保薪資百分之六十按月發給，最長發給六個月。但申請人離職辦理本保險退保時已年滿四十五歲或領有社政主管機關核發之身心障礙證明者，最長發給九個月。」。勞工爲了申請前述「失業給付」，即會要求公司發給「非自願離職（即於服務證明書上註記「離職原因」）。

目前我國司法實務上見解偏向於保障勞工的權益，因而認爲勞工可以向公司雇主請求發給「非自願離職證明」，此可參見台灣高等法院台中分院99年度勞上字第4號判決、台灣高等法院101年度勞上字第130號判決等（註）。

依上所述，阿旺可以要求大大空調公司在阿旺的「離職證明書」上，註記「非自願離職」，公司原則上不得拒絕。

註：參見陳金泉著：勞動訴訟實務，頁445，2020年9月第1版第1刷，新學林出版股份有限公司出版。

參.

工資、工時與休假篇

放假日，就沒薪水？

Q 案例

大明在誠誠建設公司服務，由於近幾年房地產不景氣，公司老闆對大明說：「沒有工作就沒有薪水，包括例假日。」請問老闆這樣的要求合法嗎？又如果不合法，大明該如何救濟？

A 解析

關於勞工的工作時間，依《勞動基準法》第30條第1項的規定，勞工每日正常工作時間不得超過八小時，每週工作總時數不得超過四十小時。又《勞動基準法》第35條前段及第36條第1項規定，勞工繼續工作四小時，至少應有三十分鐘之休息；而勞工每七日中至少應有二日之休息，其中一日為例假，一日為休息日。這些規定是爲了避免勞工的工作時間過長而影響勞工的健康。

其次，再依《勞動基準法》第37條規定，紀念日、節日、勞動節及其他由中央主管機關規定應放假日，均應休假。其中，所謂「其他由中央主管機關規定應放假之日」，例如：各類公職人員選舉罷免投票日逢星期六或工作日舉行投票，均放假一日。

另外，《勞動基準法》第38條定有特別休假，依該規定凡在同一雇主或事業單位，繼續工作滿一定期間者，每年應依下列規定給予特別休假：一、六個月以上一年未滿者，三日。二、一年以上二年未滿者，七日。三、二年以上三年未滿者，十日。四、三年以上五年未滿者，每年十四日。五、五年以上十年未滿者，每年十五日。六、十年以上者，每一年加給一日，加至三十日為止。上開規定均為勞工依法所能主張的放假情況。

問題是對於上述各種放假日，雇主能否拒絕給付勞工薪資？對此，《勞動基準法》第39條規定，同法第36條所定的例假、休息日、第37條所定的「休假」及第38條所定的「特別休假」，工資應由雇主照給。雇主經徵得勞工同意於「休假日」工作者，工資應加倍發給。所以，如果老闆說：「在假日，沒有工作就沒有薪水。」即違背《勞動基準法》的明文規定。如果老闆不發給勞工假日時間的工資，依《勞動基準法》第79條的規定，應處新台幣二萬元以上一百萬元以下罰鍰。而且，如果勞工在例假日工作，老闆還應加倍發給工資。

如果雇主不依規定發給工資，勞工可以向各該縣市政府申請調解，也可以依《勞動事件法》直接向管轄法院提起民事訴訟請求判決雇主給付其應付而未付的工資。當然，依《勞動基準法》第14條第1項第6款規定，雇主違反勞工法令致有損害勞工權益之虞者，勞工也得終止勞動契約，並依該法第17條規定請求雇主發給「資遣費」。

值夜班，能否要求雇主發給加班費？

Q 案例

小明服務於○○傳媒，小明除了白天須上班外，公司還要求他夜間值班。試問：小明於夜間值班、加班，能否依法請求加班費？

A 解析

勞工提供勞務，雇主應給予相對的報酬。如果勞工在正常工作時間之外配合雇主營運需要而延長工作時間，依《勞動基準法》第24條第1項前段規定，雇主應給予加班費。不過，如果勞工是在夜間或假日留守值班，由於勞工在值班時間並非從事正常工作，其值班時間是否可以如同《勞動基準法》有關加班費的規定，請求雇主給予加班費？

自民國111年1月1日起，勞動部停止適用「事業單位實施勞工值日（夜）應行注意事項」相關函釋，值夜班工作，回歸《勞動基準法》第30條規定之八小時工作時間，雇主如有使勞工從事夜班時間，超過上述正常工作時間之部分，應計入延長工時時數並依給付《勞動基準法》第24條第1項的規定給付延時工資，即：

一、延長工作時間在「二小時」以內者，按平日每小時工資額加給「三分之一」以上。

二、再延長工作時間在「二小時」以內者，按平日每小時工資額加給「三分之二」以上。

三、依《勞動基準法》第32條第4項（註）規定，延長工作時間者，按平日每小時工資額「加倍」發給。

註：《勞動基準法》第32條第4項：「因天災、事變或突發事件，雇主有使勞工在正常工作時間以外工作之必要者，得將工作時間延長之。但應於延長開始後二十四小時內通知工會；無工會組織者，應報當地主管機關備查。延長之工作時間，雇主應於事後補給勞工以適當之休息。」

部分工時勞工，如何給假？

Q 案例

張大開了一家公司，該公司僱用兩名「部分時間工作」的勞工，張大不知這些員工在關於給假或退休、資遣方面的規定，與其他「全時工作」的勞工有無不同？

A 解析

所謂「部分時間工作勞工」，依《僱用部分時間工作勞工應行注意事項》第參點規定，乃指其工作時間較該事業單位內的「全時勞工」工作時間有相當程度縮短的勞工。

而「部分時間工作勞工」如所從事的行業係適用《勞動基準法》者，則該勞工適用同法保障其權益。所以，就工資、例假、休假、請假、產假、資遣、退休、職業災害補償、工作規則等事項，依《僱用部分時間工作勞工應行注意事項》第陸點的規定，認應依《勞動基準法》規定辦理。茲將其具體規定分析如下：

一、工資：

㈠工資由勞雇雙方議定之。但按月計酬者，不得低於按工作時間比例計算之每月基本工資；按時計酬者，不得低於每小時基本工資，且其工資不宜約定一部以實物給付；按日計酬者，於法定正常工作時間內，不得低於每小時基本工資乘以工作時數後之金額。

㈡勞工每日工作時間超過約定之工作時間而未達《勞動基準法》所定正常工作時間部分之工資，由勞雇雙方議定之；超過該法所定正常工作時間部分及於休息日出勤工作者，應依該法第24條規定給付工資。但依勞工意願選擇補休並經雇主同意者，應依勞工工作之時數計算補休時數。

㈢前目補休期限由勞雇雙方協商；補休期限屆期或契約終止未補休之時數，應依延長工作時間或休息日工作當日之工資計算標準發給工資；未發給工資者，依違反《勞動基準法》第24條規定論處。

二、例假、休假、請假及產假：

㈠勞工每七日中應有二日之休息，其中一日爲例假，一日爲休息日，工資照給；按時計酬者，勞雇雙方議定以不低於基本工資每小時工資額，除另有約定外，得不另行加給例假日及休息日照給之工資。

㈡內政部所定應放假之紀念日、節日、勞動節及其他中央主管機關指定應放假之日，均應休假，工資應由雇主照給。雇主經徵得勞工同意於休假日工作者，工資應加倍發給。但得由勞雇雙方協商將休假日與其他工作日對調實施放假。

㈢特別休假依《勞動基準法》第38條規定辦理。其休假期日由勞工排定之，如於年度終結或契約終止而未休之日數，雇主應發給工資。但年度終結未休之日數，經勞雇雙方協商遞延至次一年度實施者，於次一年度終結或契約終止仍未休之日數，雇主應發給工資。年度可休特別休假時數，得參考下列方式比例計給之：

部分工時勞工工作年資滿六個月以上未滿一年者，自受僱當日起算，六個月正常工作時間占全時勞工六個月正常工作時間之比例；部分工時勞工工作年資滿一年以上者，以部分工時勞工全年正常工作時間占全時勞工全年正常工作時間之比例，乘以《勞動基準法》第38條所定特別休假日數計給。不足一日部分由勞雇雙方協商議定，惟不得損害勞工權益。但部分工時勞工每週工作日數與該事業單位之全時勞工相同，僅每日工作時數較短者，仍應依《勞動基準法》第38條規定給予休假日數。

㈣婚、喪、事、病假依勞工請假規則辦理，其請假之時數，得參考下列方式計給：

按勞工平均每週工作時數除以四十小時乘以應給予請假日數乘以八小時。

㈤產假依《勞動基準法》第50條及《性別平等工作法》第15條規定辦理：

1.「產假」旨在保護母性身體之健康，部分時間工作之女性勞工亦應享有此權利，因此仍應依《勞動基準法》第50條及《性別平等工作法》第15條規定，給予產假，以利母體調養恢復體力。

2.適用《勞動基準法》之女性勞工，受僱工作六個月以上者，產假停止工作期間工資照給；未滿6個月者減半發給。

㈥《性別平等工作法》所規定之其他假別及相關權益：

1.安胎休養及育嬰留職停薪：

基於母性保護之精神，部分工時勞工懷孕期間經醫師診斷需安胎休養者，雇主應按所需期間給假。至於有親自照顧養育幼兒需求而申請育嬰留職停薪者，其期間依曆計算，不因部分時間工作而依比例計給。

2.產檢假、陪產檢及陪產假及家庭照顧假：部分工時勞工於請求產檢假、陪產檢及陪產假及家庭照顧假時，依均等待遇原則，按勞工平均每週工作時數依比例計給（平均每週工作時數除以四十小時，再乘以應給予請假日數並乘以八小時）。

3.生理假：

⑴部分工時勞工依《性別平等工作法》第14條規定，每月得請生理假一日，該假別係基於女性生理特殊性而定，爰每次以一曆日計給爲原則。

⑵生理假全年請假日數未逾三日者，不併入病假計算，薪資減半發給；逾三日部分，按規定應併入病假計算，其有薪病假之

給假時數，按勞工平均每週工作時數除以四十小時之比例計給，薪資減半發給。

⑶部分工時勞工年度內所請應併入未住院普通傷病假之生理假，連同病假如已屆上開按比例計給時數上限，仍有請生理假需求者，雇主仍應給假，但得不給薪資。

4.哺（集）乳時間：

部分工時勞工若有哺（集）乳之需求，雇主應依《性別平等工作法》第18條規定給予哺（集）乳時間。

三、資遣預告期間，依《勞動基準法》第16條規定辦理：

1.勞工接到資遣預告後，為另謀工作得請假外出（謀職假），請假期間之工資照給。其請假時數，每星期不得超過二日之工作時間。

2.謀職假之每日時數，得參考下列方式計給：按勞工平均每週工作時數除以四十小時乘以應給予請假日數並乘以八小時。

部分工時勞工若工作年資未滿三個月需自行離職之情形，雇主不得要求其催告期間長於《勞動基準法》之最低標準。

四、資遣費與退休金，依《勞動基準法》及《勞工退休金條例》計給：

1.部分工時勞工適用《勞動基準法》退休制度工作年資之退休金、資遣費計算，依據該法第2條、第17條、第55條及第84條之2規定計給，其計算方式與全時勞工並無不同。

2.部分工時勞工適用《勞工退休金條例》之工作年資退休金，雇主應依該條例第6條及第14條規定，按月爲勞工提繳退休金。資遣費計算應依該條例第12條規定計給。

3.部分工時勞工轉換爲全時勞工或全時勞工轉換爲部分工時勞工，《勞動基準法》之退休金、資遣費及《勞工退休金條例》之資遣費計給，應按工作時間比例分別計算。

五、部分時間工作勞工因職業災害而致死亡、殘廢、傷害或疾病時，依《勞動基準法》第59條規定予以補償。

六、《勞動基準法》第70條規定凡僱用勞工人數在三十人以上並經常僱用部分時間工作勞工之事業單位，於訂立工作規則時，應依相關法令訂定適用於部分時間工作勞工之條款。

婚、喪、病假，《勞動基準法》有譜

Q 案例

張大開了一家房屋仲介公司，由於房屋仲介公司也有《勞動基準法》的適用，張大為勞工的婚假、喪假、病假苦惱不已，不知《勞動基準法》對此有無規定？

A 解析

按《勞動基準法》僅於該法第43條規定，勞工因婚、喪、疾病或其他正當事由得請假；請假應給的假期及事假以外期間內工資給付的最低標準，由中央主管機關定之。內政部早於民國74年3月20日即訂有《勞工請假規則》，行政院勞動部並多次修正公布，最近一次的修正係於「民國112年5月1日」，茲將修正後相關條文臚列於后：

第2條　勞工結婚者給予婚假八日，工資照給。

第3條　勞工喪假依左列規定：

一、父母、養父母、繼父母、配偶喪亡者，給予喪假八日，工資照給。

二、祖父母、子女、配偶之父母、配偶之養父母或繼父母喪亡者，給予喪假六日，工資照給。

三、曾祖父母、兄弟姊妹、配偶之祖父母喪亡者，給予喪假三日，工資照給。

第4條　勞工因普通傷害、疾病或生理原因必須治療或休養者，得在左列規定範圍內請普通傷病假：

一、未住院者，一年內合計不得超過三十日。

二、住院者，二年內合計不得超過一年。

三、未住院傷病假與住院傷病假二年內合計不得超過一年。

經醫師診斷，罹患癌症（含原位癌）採門診方式治療或懷孕期間需安胎休養者，其治療或休養期間，併入住院傷病假計算。

普通傷病假一年內未超過三十日部分，工資折半發給，其領有勞工保險普通傷病給付未達工資半數者，由雇主補足之。

第5條　勞工普通傷病假超過前條第一項規定之期限，經以事假或特別休假抵充後仍未痊癒者，得予留職停薪。但留職停薪期間以一年為限。

第6條　勞工因職業災害而致失能、傷害或疾病者，其治療、休養期間，給予公傷病假。

第7條　勞工因有事故必須親自處理者，得請事假，一年內合計不得超過十四日。事假期間不給工資。

第8條　勞工依法令規定應給予公假者，工資照給，其假期視實際需要定之。

第9條　雇主不得因勞工請婚假、喪假、公傷病假及公假，扣發全勤獎金；勞工因妊娠未滿三個月流產未請產假，而請普通傷病假者，亦同。

第10條　勞工請假時，應於事前親自以口頭或書面敘明請假理由及日數。但遇有急病或緊急事故，得委託他人代辦請假手續。辦理請假手續時，雇主得要求勞工提出有關證明文件。

第11條　雇主或勞工違反本規則之規定時，主管機關得依本法有關規定辦理。

「假」要怎麼「休」？

Q 案例

小華在今天貿易公司服務五年，依《勞動基準法》應享有休假，小華想明瞭依該法的規定，公司究竟應給他多少假？

A 解析

《勞動基準法》對於受僱勞工的休假主要有以下三點規定，雇主必須注意並遵守：

一、勞工每七日中至少應有「一日」的休息，作爲「例假」（參見《勞動基準法》第36條）。而且此一規定爲「強行性規定」，雇主自應遵守，違反該條規定者，《勞動基準法》第79條第1款定有罰則，可「處新台幣二萬元以上一百萬元以下罰鍰」。

二、紀念日、勞動節日及其他由中央主管機關規定應放假之日，均應「休假」（參見《勞動基準法》第37條）。不論前述的「例假」，或在此所稱的「休假」，工資均應由雇主照給（參見《勞動基準法》第39條），如果雇主經徵得勞工的同意於「休假日」工作，工資應「加倍發給」，而在此所稱的「加倍發給」究竟如何計算？依內政部73年10月18日台內勞字第256453號函釋，係指除依《勞動基準法》規定當日工資照給外，再加發該實際從事工作的休假日內應得的工資而言（參見內政部73年11月29日台內勞字第274234號函復台灣省政府社會處）。

三、勞工在同一雇主或事業單位，繼續工作滿一定期間者，每年均應依左列規定給予「特別休假」：

㈠六個月以上一年未滿者：三日。

㈡一年以上二年未滿者：七日。

㈢二年以上三年未滿者：十日。

㈣三年以上五年未滿者：每年十四日。

㈤五年以上十年未滿者：每年十五日。

㈥十年以上者：每一年加給一日，加至三十日爲止（參見《勞動基準法》第38條第1項）。

勞工的特別休假，雇主也應照給工資，如因天災、事變或突發事件，雇主認有繼續工作的必要，得停止《勞動基準法》第36條至第38條所定勞工之假期（註），但停止假期的工資，應「加倍發給」，並且應該在事後給予「補假」休息（參見《勞動基準法》第40條第1項）。又雇主遇有上述停止勞工假期，應於事後「二十四小時」內，詳述理由，報請「當地主管機關」核備。

註：《勞動基準法》第36條規定「例假」、「休息日」；《勞動基準法》第37條規定「休假」；《勞動基準法》第35條規定「特別休假」。

雇主對於勞工之「特別休假」的法律須知！

Q 案例

大大冷凍空調公司負責人甲僱用阿花、火旺、阿水……等多位勞工，有一天勞工阿花向公司表示要在「8月10日～8月20日」間請「特別休假」，大大公司負責人甲要阿花考量這段時間公司業務正忙，可否改個其他時間再請「特別休假」？雇主甲對於勞工的特別休假究竟要注意哪些法律規定？

A 解析

我國《勞動基準法》考量勞工一整年辛勤工作，難免累積了生理或心理的疲勞，於每週固定星期例假、休息日外，再依其「年資」賦予一段較長的「特別休假」（註）。

爲此特於《勞動基準法》第38條第1項規定：勞工在同一雇主或事業單位，繼續工作滿一定期間者，每年應依下列規定給與「特別休假」：一、六個月以上一年未滿者「三日」；二、一年以上三年未滿者「七日」；三、三年以上五年未滿者「十日」；四、五年以上十年未滿者「十四日」；五、十年以上者，每一年加給一日，加至「三十日」爲止。關於上述的特別休假期日，由「勞工」排定；但雇主基於企業經營上的急迫需求或勞工個人因素，得與「他方」協商調整（《勞動基準法》第38條第2項）。

就本案例勞工阿花向公司請「特別休假」時，阿花依《勞動基準法》第38條第1項規定的「特別休假日數」，依《勞動基準法施行細則》第24條第2項前段規定之法定期間內，行使特別休假權利。公司如基於經營上之急迫需求，可與勞工進行協商。

另外可以參考最高行政法院109年度上字第111號行政判決：「依《勞動基準法》第38條第2項之規定，資方遇有勞方行使特別休假排定權，而勞方終局未能於原已排定之期日特別休假時，資方唯有『具備企業經營上之急迫需求』、『已與勞工協商調整』、『勞工如於所排定之特別休假日期休假，將同時嚴重影響資方之營業自由，致生資方或第三方之重大損害而顯然失衡』時，始不生違章責任。」。

綜上所述，大大冷凍空調公司對於其所僱用適用《勞動基準法》的勞工，應注意上述規定，俾符《勞動基準法》及其他相關法令規定。

註：參見內政部75.1.16台內勞字第379354號函，載周昌湘主編：《勞動基準法》解釋令彙編，頁246，民國92年10月初版，永然文化出版股份有限公司出版。

《勞動基準法》是否有「陪產假」的規定？

Q 案例

大明與小美結婚，兩人各在不同的公司服務，小美懷孕已近臨盆，大明爲強強房屋仲介公司業務員，業務繁忙，想到家中屆時無人可照料小美，他希望向公司申請「陪產假」，不知是否可依《勞動基準法》的規定提出？

A 解析

「陪產假」一直是社會所談論的焦點，雖然早年相關勞動法令並未有陪產假的規定，不過，爲了讓勞工兼顧工作與家庭，以提升其工作效率，當時國內已有一些企業主動提供其員工包括陪產假、育嬰假等在內優於勞動法令的勞動條件。只是率先提供員工這些優惠福利措施的企業，幾乎都是員工上千人的大公司，小公司恐怕就比較難以承受員工動輒請陪產假、育嬰假等的負擔。

爲此，政府訂有《性別平等工作法》（註1），在該法中除了明定雇主不得以勞工結婚、懷孕、分娩或育兒爲理由，終止勞動契約或要求勞工自動辭職外，爲了讓勞工能兼顧家庭，並首創

「家庭照顧假」，明文肯定「育嬰假」、「產檢假」（註2）與「陪產檢及陪產假」。

依以上說明可知，「陪產檢及陪產假」在現行的《勞動基準法》中並未規定，但《性別平等工作法》中則有規定，凡有該法之適用者，即可依該法第15條第5項規定，受僱者陪伴其配偶妊娠產檢或其配偶分娩時，可以請陪產檢及陪產假七天，雇主並應照給工資。

註1：我國於民國91年1月16日總統公布訂定《兩性工作平等法》，再於民國97年1月16日總統公布修正名稱為《性別工作平等法》，而後於民國112年8月16日修正，並將法案名稱改為《性別平等工作法》。

註2：《性別平等工作法》第15條第4項規定，受僱者妊娠期間，雇主應給予產檢假七日。

認明你的「工資」與「工時」

Q 案例

夏天即將來臨，大大電機工業股份有限公司近來接獲大量委託製造冷氣機零件的訂單。公司爲了趕貨，欲延長全體員工工作時間每天二小時，阿永以其身患肝病，不能過度勞累爲由拒絕加班。請問：阿永的拒絕加班，是否於法有據？

A 解析

依據《勞動基準法》第30條規定，勞工每日正常工作時間不得超過八小時，每週不得超過四十小時。但爲因應雇主經營需要，《勞動基準法》在例外情況仍允許雇主延長勞工的工作時間，即所謂「加班」。

一、「加班」的種類

根據現行法律的規定，「加班」可分爲二種：一爲正常工作日內的延長工作時間；二爲在例假、休息日內的工作。現將之分述如下：

㈠工作日內延長工作時間：

為了避免勞工的工作時間太長而有礙其身心健康，雇主在工作日延長工作時間，應予嚴格限制，這是基於「人道」的考量。根據《勞動基準法》第32條規定，在工作日延長工作時間可分為二種情況：

1.雇主有使勞工在正常工作時間以外工作之必要者，雇主經工會或勞工（勞資會議）同意，得將第30條所定的工作時間延長。其延長的工作時間連同正常工作時間，一日不得超過十二小時，一個月延長工作總時數不得超過四十六小時，但雇主經工會同意，如事業單位無工會者，經勞資會議同意後，延長之工作時間，一個月不得超過五十四小時，每三個月不得超過一百三十八小時（第1項、第2項）。

2.因天災、事變或突發事件，必須於正常工作時間以外工作者，雇主得將《勞動基準法》第30條所定的工作時間延長，但應於延長開始二十四小時內通知工會；無工會組織者，應報當地主管機關備查。延長的工作時間，雇主應於事後補給勞工以適當的休息（第3項）。

但上述延長工作時間，法律上仍設有絕對禁止的規定，即在坑內工作的勞工，因其工作性質特殊，為顧及勞工健康，其工作時間不得延長。但以監視為主之工作，或有第32條第3項之情形者，不在此限。

㈡例假日或休假日工作：

依《勞動基準法》第36條及第37條規定，勞工每七日中至少應有二日之休息，其中一日爲「例假」，一日爲「休息日」。紀念日、勞動節日及其他由中央主管機關規定應放假之日，均應休假。此外，依《勞動基準法》第38條規定，勞工在同一雇主或事業單位，繼續工作滿一定期間者，每年應依下列規定給予「特別休假」：1. 六個月以上一年未滿者：三日；2.一年以上二年未滿者：七日；3.二年以上三年未滿者：十日；4.三年以上五年未滿者：十四日；5.五年以上十年未滿者：十五日；6.十年以上者：每一年加給一日，加至三十日爲止。

在「休假日」（註1），雇主經徵得勞工同意，得要求勞工工作，因季節性關係有趕工必要，經「勞工」或「工會」同意也得要求勞工工作（《勞動基準法》第39條）。此外，因天災、事變或突發事件，雇主認有繼續工作的必要時，得停止《勞動基準法》第36條至第38條所定勞工的假期；但雇主應於事後二十四小時內，詳述理由，報請當地主管機關核備（《勞動基準法》第40條）。但勞工因健康或其他正當理由，不能接受正常工作時間以外之工作者，雇主不得強制其工作（《勞動基準法》第42條）（註2）。故在本案例中，阿永以患有肝病爲由，援引《勞動基準法》第42條的規定拒絕加班爲有理由。

二、加班費如何計算？

其次，大家比較關心的是，加班費該如何計算？關於加班費的計算，也如同前述，可分為：㈠工作日內延長工作時間；㈡休假或例假日內工作等二種情況：

㈠工作日內延長工作時間：

依據《勞動基準法》第24條規定，雇主延長勞工工作時間者，其延長工作時間之工資依下列標準加給之：

1.延長工作時間在二小時以內者，按平日每小時工資額加給三分之一以上。

2.再延長工作時間在二小時以內者，按平日每小時工資額加給三分之二以上。

例如某甲每小時工資三百元，某日加班三小時，則其加班前二小時，按平日每小時工資額加給三分之一；而第三小時，則加給三分之二，因此，其加班費為一千三百元，即2×（300＋300×1／3）＋（300＋300×2／3）＝1300。

㈡例假或休假日之工作：

依《勞動基準法》第39條規定，雇主經徵得勞工同意於休假日工作者，工資應加倍發給。又依《勞動基準法》第40條規定，因天災、事變或突發事件而停止假期，其工資應加倍發給，並應於事後補假休息。

註1：休假日包括「休息日」、「例假」。

註2：如果違反《勞動基準法》第42條規定，即對於因健康或其他正當理

由而不能承受正常工作時間以外之工作的勞工，雇主卻強制其加班，構成「犯罪」，其法定刑為六個月以下有期徒刑、拘役或科或併科新台幣三十萬元以下罰金。

雇主如何處理「積欠工資墊償基金」？

Q 案例

大明想開一家工廠，聽朋友說《勞動基準法》中有一關於「積欠工資墊償基金」的規定，大明想進一步了解其詳細內容。

A 解析

《勞動基準法》第28條第1項、第2項規定，雇主有歇業、清算或宣告破產之情事時，「本於勞動契約所積欠之工資未滿六個月部分、雇主未依本法給付之退休金、雇主未依本法或勞工退休金條例給付之資遣費」（註），雇主應按其當月僱用勞工投保薪資總額及規定之費率，繳納一定數額之積欠工資墊償基金，作爲墊償前項積欠工資之用。而勞動主管機關發布《積欠工資墊償基金提繳及墊償管理辦法》（最新修正公布時間爲中華民國104年5月20日），雇主對於「積欠工資墊償基金」的處理，自須依據該規定處理的必要，茲擇其中較重要之條文臚列於后：

第3條　本基金由雇主依勞工保險投保薪資總額萬分之二．五按月提繳。

第4條　勞保局每月計算各雇主應提繳本基金之數額繕具提繳單，於次月底前寄送雇主，於繳納同月份勞工保險費時，一併繳納。

前項提繳單，雇主於次月底前未收到時，應按上月份提繳數額暫繳，並於次月份提繳時，一併沖轉結算。

第6條　雇主提繳本基金，得依法列支為當年度費用。

第7條　本基金墊償範圍，以申請墊償勞工之雇主已提繳本基金者為限。

雇主欠繳本基金，嗣後已補提繳者，勞工亦得申請墊償。

第8條　雇主有歇業之情事，積欠勞工之工資、本法之退休金、資遣費或勞工退休金條例之資遣費（以下簡稱工資、退休金或資遣費），勞工已向雇主請求而未獲清償，請求墊償時，應檢附當地主管機關開具已註銷、撤銷或廢止工廠、商業或營利事業登記，或確已終止生產、營業、倒閉、解散經認定符合歇業事實之證明文件。

事業單位之分支機構發生註銷、撤銷或廢止工廠登記，或確已終止生產、營業經當地主管機關認定符合歇業事實者，亦得請求墊償。

第9條　雇主有歇業、清算或宣告破產之情事，勞工請求墊償時，應檢附雇主積欠工資、退休金或資遣費之債權證明文件；雇主清算或宣告破產者，並應檢附向清算人或破產管理人申報債權之證明文件。

勞保局於勞工依前項規定請求墊償時，經查證仍未能確定積欠工資、退休金或資遣費金額及工作年資者，得依其勞工保險或就業保險投保薪資及投保年資認定後，予以墊償。

第10條　同一雇主之勞工請求墊償時，應備申請書及下列文件向勞保局申請之：

一、請求墊償項目、金額及勞工名冊。

二、第8條或前條所定證明文件。

三、墊償收據。

前項之申請應一次共同為之。但情況特殊者，不在此限。

第11條　勞工故意隱匿事實或拒絕、妨礙查詢，或為不實之舉證或證明文件者，不予墊償。

第12條　勞工請求墊償，勞保局應自收件日起三十日內核定。如需會同當地主管機關或勞動檢查機構調查該事業單位有關簿冊、憑證、勞工退休準備金專戶及其他相關文件後核辦者，得延長二十日。

第13條　勞工對勞保局之核定事項有異議時，得於接到核定通知之日起三十天內，繕具訴願書，經由勞保局向中央主管機關提起訴願。

第15條　本基金之墊款，應直接發給勞工；勞工死亡時，依本法第五十九條第四款順位交其遺屬領取，無遺屬者，撤銷其墊償。

前項墊款由遺屬請領者，應檢附下列文件：

一、載有勞工本人死亡日期之户口名簿影本。

二、請領人之户口名簿影本。

三、請領人及勞工非同一户籍者，其證明身分關係之相關户口名簿影本或其他相當證明文件。

同一順位之遺屬有二人以上者，應委任一名遺屬代表請領全部墊款，並負責分配之。

第一項之墊款，匯入勞工本人或其遺屬指定之國外金融機構帳户者，相關國外匯款手續費，由本基金編列之行政事務費項下支應。

第16條　勞保局或雇主為勞工辦理墊償手續，不得收取任何費用。

肆.

技術生篇

招收技術生的法律須知

Q 案例

張大明開設工廠，常遇到技術生的招用問題，他想了解《勞動基準法》對於技術生的招用有哪些規定必須遵守？

A 解析

我國《勞動基準法》於第八章規定「技術生」，依該法第64條第2項規定：「稱技術生者，指依中央主管機關規定的技術生訓練職類中以學習技能為目的，依本章之規定而接受雇主訓練之人。」雇主不得使技術生從事家事、雜役及其他非學習技能為目的之工作。但從事事業場所內之清潔整頓、器具工具及機械之清理者不在此限（參見《勞動基準法施行細則》第35條）。

而《勞動基準法》對於技術生的保護，主要有以下七點（註）：

一、雇主不得向技術生收取有關訓練費用（參見《勞動基準法》第66條）。

二、雇主留用技術生應與同等工作的勞工享受同等的待遇（參見《勞動基準法》第67條前段）。

三、技術生不得超過勞工人數的四分之一；勞工人數不滿四人者，以四人計（參見《勞動基準法》第68條）。

四、技術生準用一般勞工的勞動條件，即於《勞動基準法》第四章工作時間、休息、休假、第五章童工、女工、第七章職業災害補償及其他勞工保險等有關的規定，於技術生準用之（參見《勞動基準法》第69條第1項）。

五、技術生的工作時間應包括「學科時間」（參見《勞動基準法施行細則》第36條）。

六、技術生災害補償所採薪資計算的標準，不得低於「基本工資」（參見《勞動基準法》第69條第2項）。

七、雇主招收技術生時，須與技術生簽訂「書面訓練契約」，並應載明下列事項：訓練項目、訓練期限、膳宿負擔、生活津貼、相關教學、勞工保險、結業證明、契約生效與解除的條件及其他有關雙方權利義務事項，並送「主管機關」備案（參見《勞動基準法》第65條第1項）（註2）。

註1：參見林豐賓著：《勞動基準法》論，頁290～291，民國86年11月初版，三民書局股份有限公司發行。

註2：技術生如為「未成年人」，則其訓練契約，應得「法定代理人」的允許。

伍.

資遣與退休權益篇

雇主歇業，勞工退休準備金可否作為資遣費？

Q 案例

老王爲一化學公司的老闆，其工廠受到景氣不景氣的影響，打算停止生產並歇業，其原已依法提撥的「勞工退休準備金」能否用來支付依《勞動基準法》應支付給員工的資遣費？

A 解析

爲保障勞工權益，避免勞工因雇主經營不善而影響其領取退休金的權利，《勞動基準法》第56條第1項前段規定，雇主依勞工每月「薪資總額」的百分之二至百分之十五範圍內，應按月提撥「勞工退休準備金」，專戶存儲，並不得作爲讓與、扣押、抵銷或擔保之標的（註1）。至於該退休準備金的運用，依《勞工退休準備金提撥及管理辦法》（註2）第4條規定，應以「各該事業單位勞工退休準備金監督委員會」名義專戶存儲於指定的金融機構（中央信託局），而非以該事業單位的名義存儲，且該委員會依《勞動基準法》第56條第5項規定，係由勞工與雇主共同組織「勞工退休準備金監督委員會」監督之。

勞工退休準備金，顧名思義，是在勞工符合退休要件時，用來支付勞工的退休金。但是在事業單位面臨歇業時，依《勞工退休準備金提撥及管理辦法》第10條規定，其已提撥的勞工退休準備金，除支付勞工「退休金」外，得先行作爲勞工之「資遣費」，再作爲《勞工退休金條例》之「勞工資遣費」。如有賸餘時，所有權屬該事業單位。基此規定，該勞工退休準備金，於事業單位歇業時，自應優先用來支付勞工退休金，其有賸餘時，得作爲勞工資遣費。如再有賸餘時，其所有權歸屬該「事業單位」。又該勞工退休準備金在歸屬事業單位後，該事業單位的債權人自得對之爲強制執行，此與《勞動基準法》第56條第1項「勞工退休準備金不得作爲讓與、扣押、抵銷或擔保」的規定並無牴觸（參見行政院勞工委員會82年4月16日台勞動三字第18372號函）。

註1：勞動中央主管機關為規範「勞工退休準備金」提撥的比率、程序及管理等事項，特依《勞動基準法》第56條第1項後段擬訂《勞工退休準備金提撥及管理辦法》。

註2：《勞工退休準備金提撥及管理辦法》係於民國74年7月1日訂立，嗣後於民國104年11月19日修訂。

遭雇主辭退，有何基本保障？

Q 案例

小強在大大機械公司上班，該公司因受人拖累，面臨周轉困難，公司負責人竟以「縮小業務」爲由，將小強給辭退了，既未事先「預告」，也未支付「資遣費」給小強。究竟《勞動基準法》能給勞工小強哪些保障呢？

A 解析

爲了保障勞工的「工作權」（註1），《勞動基準法》規定非有法定事由，雇主不得片面終止勞動契約。而所謂「法定事由」，包括《勞動基準法》第11條、第12條及第20條等所規定的具體情況。其中雇主如依據《勞動基準法》第11條及第20條規定終止勞動契約，則應事先預告，除給予預告期間工資外，並應支付資遣費。至於雇主如依據《勞動基準法》第12條規定終止勞動契約時，則既無須事先預告，亦不用給付資遣費。勞工如經雇主辭退，能否請求雇主給付預告期間的工資及資遣費？應分以下兩方面來說：

有無資遣費請求權之各種情形表

有資遣費請求權的情形	無資遣費請求權的情形
雇主因：1.歇業或轉讓；2.虧損或業務緊縮；3.不可抗力暫停工作在一個月以上；4.業務性質變更，有減少勞工必要，又無適當工作可供安置；或5.勞工對於所擔任之工作有確不能勝任之原因，終止勞動契約時。（《勞動基準法》第11條）	被雇主依《勞動基準法》第12條第1項各款事由解僱（懲戒解僱）。
勞工在產假停止工作期間或職業災害醫療期間，雇主因天災、事變或其他不可抗力致事業不能繼續，經報主管單位核定後，終止勞動契約時。（《勞動基準法》第13條但書）	特定性工作定期契約屆滿三年後，勞工主動終止契約。（《勞動基準法》第15條）
勞工依《勞動基準法》第14條第1項各款之規定終止勞動契約者。	定期勞動契約期滿離職者。
雇主改組或轉讓時，除新舊雇主商定留用之勞工外，對於其餘不被留用而被解僱之勞工，雇主須發給資遣費。（《勞動基準法》第20條）	勞工主動終止不定期勞動契約。（《勞動基準法》第15條）
勞工於企業併購後不願留任者。	

資料來源：鄭津津著：職場與法律，頁117～118，2025年2月十版一刷，元照出版有限公司出版。

一、*雇主對勞工的辭退，是否符合資遣的要件？*

依據《勞動基準法》第11條及第20條規定，雇主因歇業或轉讓、虧損或業務緊縮、因不可抗力（註2），而須暫停工作一個月以上、業務性質變更而有減少勞工之必要又無其他工作可安置勞工、勞工不能勝任工作，或事業單位改組或轉讓等具體情事時，得終止勞動契約。

惟為了兼顧勞工權益，依據《勞動基準法》第16條及第17條規定，雇主應事先預告，除給予預告期間工資外，並應支付資遣費。如果雇主於不具備前開法定事由情況下而片面終止勞動契約，則其終止不生法律的效力，勞工可依《勞動事件法》向法院起訴請求確認勞動關係繼續存在，並請求雇主繼續給付工資；反之，如果雇主於具備前開法定事由情況下而片面終止勞動契約，則自其終止之意思表示到達勞工之時起即生效力，雇主依法除應給予「預告期間工資」外，並應支付「資遣費」。

二、勞工被雇主辭退時，能否請求雇主給付預告期間工資及資遣費？

勞工請求雇主給付預告期間工資及資遣費之要件，在於雇主是否已依法資遣勞工。如果雇主已依法資遣勞工而拒絕給付預告期間工資及資遣費，勞工自可依《勞動事件法》訴請雇主給付；但如果雇主並未依法資遣勞工，即其在不具備前開法定事由情況下而片面終止勞動契約，則勞雇間之勞動關係仍然存在，勞工只得向法院起訴請求確認勞動關係存在，並請求雇主繼續給付工資，而不得訴請雇主給予預告期間工資及資遣費。蓋《勞動基準法》對於雇主片面終止勞動契約之限制，其立法目的在於保障勞工之工作權，惟爲兼顧雇主經營需要而允許雇主得在具備特定事由下資遣勞工。因此，雇主是否資遣勞工？其決定權在「雇主」，而非勞工可主動要求雇主予以資遣。

註1：《憲法》第15條規定人民之工作權，依法應予保障。

註2：所謂「不可抗力」，係指事故的發生，非雇主所能防範的，例如天災、火災引起廠房倒塌、電力中斷……等。參見張清滄著：勞動基準法實用，頁66，1995年8月七版，復文書局發行。

勞工何時可以向雇主請求資遣費？

Q 案例

阿水在大大空調公司工作（下稱大大公司）任職，大大公司因遭到鉅款虧損，而需要「業務緊縮」，並要裁員；阿水接到大大公司的通知，要終阿水與公司間的「勞動契約」，阿水是否可以向大大公司請求資遣費？如果可以，此種請求權的消滅時效如何？

A 解析

按《勞動基準法》第17條第1項規定，雇主如依《勞動基準法》第11條規定終止勞動契約時，可以向公司請求「資遣費」。

本案例大大公司依《勞動基準法》第11條第2款：「公司虧損或業務緊縮」（註1）時，可以「預告」（註2）勞工終止勞動契約，進而將阿水終止勞動契約，阿水自可依《勞動基準法》第17條第1項規定，向大大公司請求「資遣費」。

上述資遣費，大大公司應於終止勞動契約「三十日」內發給，如果大大公司未於上開期限內給付阿水資遣費，阿水可以有下述兩種途徑主張：

一、向勞動主管機關檢舉雇主違法：依《勞動基準法》第78條第1項規定：雇主未依期限給付者，處新台幣三十萬元以上一百五十萬元以下罰鍰，並限期令其給付，屆期未給付者，應按次處罰。

二、向管轄法院提起民事訴訟請求給付：此種訴訟為「給付資遣費訴訟」，適用《勞動事件法》。

阿水須注意「資遣費請求權」適用《民法》「消滅時效」的規定，行政院勞工委員會84.9.27台勞資二字第134376號函認為：「查《勞動基準法》第17條規定，雇主依同法第16條終止勞動契約時，應發給勞工資遣費，至其請求權消滅時效……應適用《民法》第125條一般時效期間之規定，因十五年間不行使而消滅。」。

台灣高等法院97年度勞上字第20號判決認為：「……本件被上訴人請求上訴人給付資遣費，核屬一次給付之全領債權，並非反覆發生之短期債權，……應適用十五年時效之規定」，台灣高等法院97年度勞上字第13號判決也採相同見解（註3）。

註1：所謂「業務緊縮」，係指雇主在「相當一段時間」營運不佳，生產量及銷售量均明顯減少或下滑，其整體事業範圍應予縮小而言，未涉及組織經營結構的調整，屬「量的減少」，而非「質的改變」；參見最法院87年台上字第3025號、95年台上字第2716號判決。載林佳和撰：〈預算刪減、業務緊縮與不定期契約〉乙文，徐婉寧等著

：終止勞動契約，頁75～76，2019年7月初版1刷，元照出版公司出版。

註2：依《勞動基準法》第16條第1項規定，預告期間依下列的規定：

一、繼續工作三個月以上一年未滿者，於「十日」前預告之；

二、繼續工作一年以上三年未滿者，於「二十日」前預告之；

三、繼續工作三年以上者，於「三十日」前預告之。

註3：陳金泉著：勞動訴訟實務，頁205，2020年9月一版一刷，新學林出版股份有限公司出版。

勞工在何種情形下可以向雇主請求「資遣費」？

Q 案例

甲員工任職於A空調公司，從事水電管線技工的工作，甲員工因自己家中父母年老且罹患疾病，甲員工想離職回家孝養父母，甲員工可以向A空調公司請求「資遣費」嗎？如果不行，那究竟哪些情形，勞工才可以向公司請求「資遣費」？

A 解析

本案例中，甲員工因自己家中父母年老罹患疾病，離職返家照顧父母，屬於「自願離職」，公司依《勞動基準法》並無給付該離職勞工「資遣費」的義務。

至於我國《勞動基準法》中規定雇主必須支付勞工「資遣費」，謹將該法中的規定臚列如下：

一、雇主依《勞動基準法》第11條各款中之任一款（註1），如：雇主歇業或轉讓……等事由而對勞工預告終止勞動契約，此為「預告解僱」或「資遣解僱」，須依《勞動基準法》第17條規定給付勞工資遣費。

二、雇主在勞工「產假」或「職災醫療期間」，雇主因天災、事變或其他不可抗力致事業不能繼續，且業經報「主管機關」核定，對該勞工解僱時，依《勞動基準法》第13條、第17條規定，也須給付勞工資遣費。

三、勞工在有《勞動基準法》第14條第1項各款事由之一（註2），如：雇主於訂立勞動契約時為虛偽的意思表示，使勞工誤信而有受損害之虞者……等事由，勞工得不經預告而終止契約，此屬於「勞工被迫離職」（註3），勞工也可以向雇主請求「資遣費」。

四、事業單位改組或轉讓，除新、舊雇主商定「留用的勞工」外，「其餘勞工」遭到「預告」終止勞動契約，這些未被留用而遭預告終止勞動契約的勞工，可以依《勞動基準法》第20條、第17條向雇主請求「資遣費」。

除《勞動基準法》中的上述規定外，其他如：《企業併購法》第17條、《金融機構合併法》第15條……等法律也有「資遣費」的規定。

註1：《勞動基準法》第11條。

註2：《勞動基準法》第14條第1項。

註3：陳金泉著：勞動訴訟實務，頁262，2020年9月一版一刷，新學林出版公司出版。

受資遣的勞工，如何計算其可領取的資遣費？

Q 案例

甲員工受僱於大大公司，因為公司業務緊縮，大大公司裁員，公司將員工甲終止勞動契約，甲員工可以請求「資遣費」嗎？如果可以，大大公司如何計算其資遣費？

A 解析

由於《勞動基準法》第11條規定：非有下列情形之一者，雇主不得預告勞工終止勞動契約：一、歇業或轉讓時；二、虧損或業務緊縮時；三、不可抗力暫停工作在一個月以上時；四、業務性質變更，有減少勞工的必要，又無適當工作可供安置時；五、勞工對於所擔任的工作確不能勝任時。

基於上述規定，大大公司因為「業務緊縮」，而將員工甲裁員，終止與甲之間的「勞動契約」，自符《勞動基準法》第11條第2款。此時員工甲可以依《勞動基準法》第17條規定，雇主依《勞動基準法》第11條或第13條但書（註1）規定終止勞動契約時，可以向雇主請求「資遣費」。

至於資遣費如何計算？會因勞工適用「勞退新制」或「勞退舊制」而有不同。

如果適用「勞退舊制」者，雇主即應依《勞動基準法》第17條第1項規定發給勞工資遣費：

一、在同一雇主的事業單位繼續工作，每滿「一年」發給相當於「一個月平均工資」（註2）的資遣費；

二、依上述規定計算的剩餘月數，或工作未滿一年者，以「比例」計給之；未滿一個月者以一個月計。

如用適用「勞退新制」者，即應依《勞工退休金條例》第12條第1項規定：「勞工適用本條例之退休金制度者，適用本條例後之工作年資，於勞動契約依勞動基準法第十一條……規定終止時，其資遣費由雇主按其工作年資，每滿一年發給二分之一個月之平均工資，未滿一年者，以比例計給；最高以發給六個月平均工資爲限，不適用勞動基準法第十七條之規定。」。

適用「勞退新制」計給「資遣費」，實際上存在一爭議，即如勞工的工作年資「未滿一個月的畸零日數」，要如何計付的爭議？

行政院勞工委員會於101年9月12日勞動4字第1010132304號函令認爲：「……《勞工退休金條例》第12條規定，以比例計給係指於未滿一年之畸零工作年資，以其實際工作日數分月、日換算成年之比例計算。所得之基數以分數（分子／分母）表示。」

然司法實務則有不同的見解，如：台灣高等法院97年度勞上易字第41號判決，同院98年勞上易字第66號判決；前開判決見解，較有利於勞工，即將未滿一個月的部分以「一個月」計（註3）。

註1：勞工因分娩後產假停止工作或遭遇職災的醫療期間，雇主因天災、事變或其他不可抗力致事業不能繼續，經報主管機關核定，而對勞工終止勞動契約，勞工可以請求資遣費。

註2：「平均工資」乃指計算事由發生之當日前六個月內所得工資總額除以該期間之總日數所得之金額。工作未滿六個月者，指工作期間所得工資總額除以工作期間總日數所得之金額。工資按工作日數、時數或論件計算者，其依上述方式計算之平均工資，如少於該期內工資總額除以實際工作日數所得金額百分之六十者，以百分之六十計。

註3：陳金泉著：勞動訴訟實務，頁274～275，2020年9月一版一刷，新學林出版股份有限公司出版。

服役期間，工作年資是否合併計算？

Q 案例

小明原在新新出版公司擔任編輯的工作，工作二年餘之後入伍服務，退伍後又回新新出版公司任職，但做了三年餘，該公司結束營業，將小明資遣，這時，小明的「資遣費」應如何計算？

A 解析

勞工工作年資以服務同一事業單位為限，並自受僱當日起算，《勞動基準法施行細則》第5條第1項有明文規定（註）。然而，勞工於工作期間因入伍服役，則其工作年資究應自一開始受僱之日起算，或是自退伍後重新任職之日起算？如果是從一開始受僱之日起算，則勞工服役期間是否亦併計其工作年資？對此，內政部於75年8月8日以台內勞字第408297號函指出：「一、《勞動基準法》（以下簡稱本法）所稱勞工工作年資係指勞工於事業單位從事工作所累計之年資。二、有關勞工在營服役期間應否併工作年資乙節，依前項原則，勞工服兵役前後在同一事業單位之工作年資應予併計，惟勞工在營服役期間未於事業單位從事工作，該期間得不計入工作年資，事業單位如規定可併入計算工作年資者，從其規定。三、事業單位於本解釋函發布前或經指定適用本法前，其僱用之勞工已在役或已役畢者，在營服役期間仍視為原機構服務年資，併入工作年資計算。」因此，只要是在同一事業單位，則勞工入伍前及入伍後的工作年資應合併計算，惟勞工在營期間因未於事業單位從事工作，所以該期間不計入工作年資；不過，如果事業單位為優惠其勞工而規定可併入計算工作年資者，則從其規定。

其次，如果勞工服役期滿而仍志願繼續留營服役時，上開解釋是否不同？對此，《兵役法施行法》第42條第3款後段明定：「……其依志願留營繼續服役逾三年者，其原屬學校、機關或公私立事業機構之底缺得免保留……」。依此規定，勞工於服義務役期間內轉服志願役，其志願留營繼續服役三年以內者，事業單位應保留其底缺，而其服役前後之工作年資仍應予併計（參見行政院勞工委員會82年7月3日台勞動一字第35506號函）。

註：適用《勞動基準法》前已在「同一事業單位」工作的年資合併計算（參見《勞動基準法施行細則》第5條第2項）。

公司倒閉，勞工如何自保？

Q 案例

小英在一家電子工廠上班，該工廠的負責人因經營不善而倒閉，小英尚有數月薪水未領，此時小英如何循法律的規定獲得救濟？

A 解析

適用《勞動基準法》行業的勞工，如遇其公司關閉，不問其原因係「歇業」、「清算」或「宣告破產」而面臨失業時，勞工最在乎的是，其雇主對其所積欠的工資。此時應循《勞動基準法》第28條第1項的規定救濟，即「雇主因歇業、清算或宣告破產，本於勞動契約所積欠之工資未滿六個月部分，有最優先受清償之權。……」，勞工於適用前述規定時，應有以下四點認識：

一、《勞動基準法》第28條第1項規定，雇主因歇業、清算或宣告破產，本於勞動契約所積欠的工資未滿六個月部分，有最優先受清償之權。其優先順位除法律另有規定外，僅次於「抵押權」，而優先於其他一切債權受償（參見內政部74年5月21日台勞字第294903號函）。

二、勞工可以援用《積欠工資墊償基金提繳及墊償管理辦法》的規定，依該辦法第8條規定，就前述的案例，勞工小英的公司已倒閉歇業，且有數月薪水未支付，其「勞工退休準備金」尚未支用，勞工可以持憑「執行名義」（註1）請求當地主管機關召開退休金或資遣費請求人會議，「當地主管機關」並應依該會議決議，函請指定的金融機構支付（註2）。

三、在此所稱積欠工資墊償基金墊償勞工本於勞動契約所積欠的工資未滿六個月部分，係指累積欠發未滿六個月以內的實際工資金額，又「六個月的計算」，係自雇主歇業、清算或宣告破產當日起最近的勞動契約有效日向前逆算之（參見內政部76年2月7日台內勞字第463175號函）。

四、事業單位如有積欠勞工工資的情事，勞工應即向雇主請求發給「債權證明」，雇主不得拒絕（參見行政院勞工委員會76年11月18日台勞動字第5496號函）。

註1：「執行名義」又稱執行力之債務名義，乃表示得依強制執行實現私法上請求權的存在及其範圍與當事人，並賦予執行力的公文書。參見陳計男著：強制執行法釋論，頁78，2002年8月初版。

註2：《積欠工資墊償基金提繳及墊償管理辦法》第5條第2項。

勞工欲退休，其在受雇公司的「年資」，依法如何計算？

Q 案例

勞工甲受僱於大大公司，勞工甲因爲年齡已逐日增長，同時家中母親年老多病，想退休返家照顧老母親，不知自己的「年資」是否符合「自請退休」？又如符合退休條件時，而自己又仍適用「勞退舊制」，如何計算退休金的年資？

A 解析

按《勞動基準法》對於「退休」規定，有「自請退休」及「強制退休」之分；前者於該法第53條規定：勞工有下列情形之一，得自請退休：一、工作十五年以上年滿五十五歲者；二、工作二十五年以上者；三、工作十年以上年滿六十歲者。

至於「強制退休」，《勞動基準法》於第54條規定：勞工非有下列情形之一，雇主不得強制其退休：一、年滿六十五歲者；二、「身心障礙」（註1）不堪勝任工作者。

依上開案例，勞工甲希望瞭解自己的「工作年資」是否符合自請退休？自應適用《勞動基準法》第53條規定。

至於勞工甲的工作年資是否已經符合自請退休的條件？涉及「工作年資」的計算，其計算依《勞動基準法》第57條：「勞工工作年資以服務同一事業者為限。但受同一雇主調動之工作年資，及依第二十條規定應由新雇主繼續予以承認之年資，應予併計。」（註2）。

另外勞工甲在大大公司受雇，如還有受同一雇主調動的工作年資，只要是基於雇主的意思，在同雇主有關事業單位的調動，則其工作年資應合併計算（註3）。

再者，如果有《勞動基準法》第10條之情形，即「定期契約」屆滿後或「不定期契約」因故停止履行後，未滿 「二個月」而訂定新約或繼續履行「原約」時，勞工前後工作年資，應合併計算。值此之故，最高法院82年度台上字第2938號判決也判示：「上訴人以公司虧損為由，商得被上訴人同意，於74年12月31日資遣被上訴人，隨即與被上訴人訂定新約，自75年元月起以臨時工按日計酬繼續僱用，自與勞動契約因故停止履行約，訂定新約無異，即在《勞動基準法》公布施行後，原審認被上訴人之退休年資應合併計算，且有該法第10條之適用，其適用法律並無不合」，此乃因《勞動基準法》第10條的立法本旨是在於保護勞工權益，避免雇主利用換約等方法，中斷勞工「年資」之權益（註4）。

註1：《身心障礙者權益保障法》第5條：「本法所稱身心障礙者，指下列

各款身體系統構造或功能，有損傷或不全導致顯著偏離或喪失，影響其活動與參與社會生活，經醫事、社會工作、特殊教育與職業輔導評量等相關專業人員組成之專業團隊鑑定及評估，領有身心障礙證明者：一、神經系統構造及精神、心智功能。二、眼、耳及相關構造與感官功能及疼痛。三、涉及聲音與言語構造及其功能。四、循環、造血、免疫與呼吸系統構造及其功能。五、消化、新陳代謝與內分泌系統相關構造及其功能。六、泌尿與生殖系統相關構造及其功能。七、神經、肌肉、骨骼之移動相關構造及其功能。八、皮膚與相關構造及其功能。」

註2：《勞動基準法》第20條：「事業單位改組或轉讓時，除新舊雇主商定留用之勞工外，其餘勞工應依第十六條規定期間預告終止契約，並應依第十七條規定發給勞工資遣費。其留用勞工之工作年資，應由新雇主繼續予以承認。」

註3：參見林振賢著：《勞動基準法》譯論，頁336，民國88年2月8日初版，自刊本。

註4：參見陳金泉著：勞動訴訟實務，頁278，2020年9月一版一刷，新學林出版股份有限公司出版。

適用《勞動基準法》之退休條件與退休金的計算

Q 案 例

張強任職於大大公司，其已在該公司工作三十年，最近打算退休，並請領退休金，張強不知如何辦理？又該退休金要如何計算？

A 解 析

按《勞動基準法》中對於退休條件的規定有「自請退休」及「強制退休」之分。前者依《勞動基準法》第53條規定，於勞工有下列情形之一者，得自請退休：一、工作十五年以上年滿五十五歲者。二、工作二十五年以上者。三、工作十年以上年滿六十歲者。後者依《勞動基準法》第54條規定，勞工非有下列情形之一者，雇主不得強制其退休：一、年滿六十五歲者。二、身心障礙不堪勝任工作者。但如果勞工係擔任具有危險、堅強體力等特殊性質的工作者，強制退休的年齡可以由事業單位報請中央主管機關予以調整，但不得少於五十五歲（參見《勞動基準法》第54條第2項）。

就以本案例而言，張強已在該報社服務達三十年，自可依上開規定，向其所屬報社申請退休。

其次，已符合退休條件者，雇主應如何給付退休金？關於退休金的給與標準，依《勞動基準法》第55條第1項規定，其標準如下：

一、按其工作年資，每滿一年給予兩個基數；但超過十五年的工作年資，每滿一年給予一個基數，最高總數以四十五個基數為限，未滿半年者以半年計，滿半年者以一年計。

二、依《勞動基準法》第54條第1項第2款規定，「強制退休」的勞工，其身心障礙係因執行職務所致者，依上述標準加給20%。

三、前述的退休金基數，依《勞動基準法》第55條第2項規定，係指核准退休時一個月「平均工資」（註）。

假設張強是於民國58年8月1日到公司，並於88年8月1日工作三十年退休，退休時的平均工資為五萬元，其退休金的給與標準，因《勞動基準法》係自民國73年8月1日起施行，所以：

一、民國73年7月31日前年資為○個基數。

二、民國73年8月1日後年資為十五年，得三十個基數（即2基數×15年）。

三、其平均工資為五萬元，則其退休金為5萬元×30個基數＝150萬元。

而該退休金雇主應於勞工退休之日起「三十日」內給付（參見《勞動基準法施行細則》第29條第1項）。

註：《勞動基準法施行細則》第29條之1第1項第3款規定，「平均工資」是估算年度終了之一個月平均工資。

企業經營者對於《勞工退休金條例》應有哪些認識？

Q 案例

王大明十幾年前滿懷文人的一身夢想創辦了雅音出版社，雖然利潤微薄，但總算勉力撐持了過來。期間，公司人事更迭頻繁，但一路相扶持、共患難的同仁倒也有二、三個。經營多年後，親如朋友的員工也將面臨領取退休金的現實問題，此刻不得不未雨綢繆一番。

A 解析

我國《勞動基準法》第六章針對「退休」訂有規定，《勞動基準法》中所規定的退休，分為「自願退休」與「強制退休」。前者，依該法第53條規定，勞工有下列情形之一者，得「自請退休」：一、工作十五年以上年滿五十五歲者。二、工作二十五年以上者。三、工作十年以上年滿六十歲者。後者，依該法第54條第1項規定，勞工非有下列情形之一者，雇主不得「強制其退休」：一、年滿六十五歲者。二、身心障礙（註）不堪勝任工作者

適用《勞動基準法》的勞工一旦符合前述條件而退休，其退

休金的給與標準，依該法第55條第1項的規定，爲：

一、按其工作年資，每滿一年給與兩個基數；但超過十五年的工作年資，每滿一年給與一個基數，最高總數以四十五個基數爲限。未滿半年者以半年計；滿半年者以一年計。

二、依第55條第1項第2款規定強制退休的勞工，其身心障礙係因「執行職務」所致者，依前述規定加給百分之二十。

又爲確保勞工退休金的請求權，《勞動基準法》第56條特訂「退休金提撥制度」，其第56條第1項規定，雇主應按月提撥勞工退休準備金，專戶儲存，並不得作爲讓與、扣押、抵銷或擔保之標的；其提撥的比率、程序及管理等事項的辦法，由中央主管機關擬訂，報請行政院核定之。行政院勞工委員會也依前述規定，訂頒《勞工退休準備金提撥及管理辦法》。

惟前述制度在落實勞工退休保障上仍有不足，立法院爲增進勞工退休生活權益，加強勞雇關係，特於民國93年6月11日三讀通過《勞工退休金條例》，並自該條例由總統公布後一年施行。企業經營者對於該法應注意其適用對象，依《勞工退休金條例》第7條第1項規定：「本條例之適用對象爲適用勞動基準法之下列人員，但依私立學校法之規定提撥退休準備金者，不適用之：一、本國籍勞工。二、與在中華民國境內設有戶籍之國民結婚，且獲准居留而在台灣地區工作之外國人、大陸地區人民、香港或澳門居民。三、前款之外國人、大陸地區人民、香港或澳門居民，與其配偶離婚或其配偶死亡，而依法規規定得在台灣地區繼續居留工作者。四、前二款以外之外國人，經依入出國及移民法相關規定許可永久居留，且在台灣地區工作者。」；至於本國籍人及前述第2款～第4款規定的人員具有《勞工退休金條例》第7條第2項規定的四種身分（一、實際從事勞動之雇主。二、自營作業者。三、受委任工作者。四、不適用勞動基準法之勞工。）之一者，可以「自願」依《勞工退休金條例》規定提繳及請領退休金。

註：《身心障礙者權益保障法》第5條規定：「本法所稱身心障礙者，指下列各款身體系統構造或功能，有損傷或不全導致顯著偏離或喪失，影響其活動與參與社會生活，經醫事、社會工作、特殊教育與職業輔導評量等相關專業人員組成之專業團隊鑑定及評估，領有身心障礙證明者：一、神經系統構造及精神、心智功能。二、眼、耳及相關構造與感官功能及疼痛。三、涉及聲音與言語構造及其功能。四、循環、造血、免疫與呼吸系統構造及其功能。五、消化、新陳代謝與內分泌系統相關構造及其功能。六、泌尿與生殖系統相關構造及其功能。七、神經、肌肉、骨骼之移動相關構造及其功能。八、皮膚與相關構造及其功能。」

雇主如何為適用《勞工退休金條例》之勞工提繳退休金？

Q 案例

民國93年7月1日《勞工退休金條例》施行後，英英的公司有部分員工選擇適用勞退新制，英英應如何依該條例爲員工提繳退休金？

A 解析

適用《勞工退休金條例》制度之勞工，雇主依法負有爲其提繳退休金的義務，此時應適用該條例第14條第1項規定，雇主應爲第7條第1項規定的勞工（註）負擔提繳的退休金，不得低於勞工每月工資百分之六。

而所謂的「工資」如何認定呢？按《勞工退休金條例》所指的工資，依《勞動基準法》第2條所謂「勞工因工作而獲得之報酬即屬工資」，故凡是因工作所得之現金、獎金、津貼、實物及其他名義之經常性給與均屬工資，對於選擇新制者，雇主均應對照「勞工退休金月提繳工資分級表」，按月以不低於勞工工資百分之六之標準提繳勞工退休金。同時，工資應依發放之性質、目的作為實際個案是否為工資的認定，與發放期間、發放方式等並無關係。如果勞資雙方一旦產生工資認定的爭議時，司法機關並不只是看薪資的名目，而是針對給付的性質、目的、功能及計算的標準來進行「實質審查」，綜合判斷其究屬「工資」或者「非工資」。

基於「工資」係由勞資雙方議定，有些雇主因而企圖變更勞工薪資結構內涵，以降低人事成本；但雇主如挾其管理的強勢，未經勞工同意即片面變更，或是自勞工工資中內扣百分之六提繳勞工退休金，前者構成《勞動基準法》第14條第5款、第6款「不依勞動契約給付報酬」或「違反勞動契約」，此時勞工可以不經預告終止勞動契約，並向雇主請求資遣費；後者則構成違反《勞工退休金條例》第14條第1項「未按時提繳或未繳足退休金」之規定，將遭致連續處罰。

註：《勞工退休金條例》第7條第1項規定：「本條例之適用對象為適用勞動基準法之下列人員，但依私立學校法之規定提撥退休準備金者，不適用之：一、本國籍勞工。二、與在中華民國境內設有戶籍之國民結婚，且獲准居留而在台灣地區工作之外國人、大陸地區人民、香港或澳門居民。三、前款之外國人、大陸地區人民、香港或澳門居民，與其配偶離婚或其配偶死亡，而依法規規定得在台灣地區繼續居留工作者。四、前二款以外之外國人，經依入出國及移民法相關規定許可永久居留，且在台灣地區工作者。」

《勞工退休金條例》關於「五年足額提撥」之提撥率，應如何計算？

Q 案例

民國93年7月1日《勞工退休金條例》施行後，英英公司有部分員工選擇繼續適用《勞動基準法》規定之退休舊制，英英公司應如何爲其提撥退休金？

A 解析

我國《勞工退休金條例》第13條第1項規定：「爲保障勞工之退休金，雇主應依選擇適用勞動基準法退休制度與保留適用本條例前工作年資之勞工人數、工資、工作年資、流動率等因素精算其勞工退休準備金之提撥率，繼續依勞動基準法第五十六條第一項規定，按月於五年內足額提撥勞工退休準備金，以作爲支付退休金之用。」雇主必須遵守上述規定，如有違反者，而未繼續按月提撥勞工退休準備金者，處新台幣二萬元以上三十萬元以下罰鍰（參見《勞工退休金條例》第50條第1項）。

因而雇主須注意「五年內足額提撥」之規定，但究竟要如何確定提撥率？

所謂「五年足額提撥」之意義在於雇主確實依照勞工人數、年資、工資及流動率等因素計算所需之提撥率，以作爲未來「可能」支付勞工退休金之用，並非完全提存。

爲提供事業單位計算退休準備金提撥率的管道，行政院勞工委員會網站（https://calcr2.mol.gov.tw/trial）已建置「勞工退休準備金提撥率參考試算軟體」網路試算服務，可供企業加以利用。

另，勞工退休準備金已達目前全體勞工日後符合退休要件請領退休金之總額現值時，可申請「暫停提撥」（註）。即「退休準備金已達目前全體勞工日後符合退休要件請領退休金之總額現值」時，自可依規定向地方主管機關提出暫停提撥的申請。

註：《勞工退休準備金提撥及管理辦法》第3條規定：「各事業單位提撥勞工退休準備金累積至足以支應勞工退休金時，得提經各該事業單位勞工退休準備金監督委員會審議通過後，報請當地主管機關核准暫停提撥。」審議通過後，報請「當地主管機關」核准暫停提撥。

陸.

勞工保險篇

投保勞工保險，效力何時發生？

Q 案例

陳小美到某家公司任職，公司的人事主管向陳小美表示要爲她投保「勞工保險」，但直至隔天才將資料文件送交勞保局，陳小美竟於該日下班途中發生車禍受傷住院，陳小美能否獲得「保險給付」？

A 解析

陳小美的問題涉及勞工保險從何時開始發生效力。對此《勞工保險條例》第11條規定，符合該條例第6條規定的勞工，各投保單位應於其所屬勞工到職、入會、到訓、離職、退會、結訓的當日，列表通知「保險人」；其保險效力的開始或停止，均自應爲通知的當日起算。但投保單位非於勞工到職、入會、到訓之當日列表通知「保險人」者，除依該條例第72條第1項規定（註）處罰外，其保險效力的開始，均自通知的翌日起算。

就以本案例來說，如果陳小美的投保單位（即其雇主）在其到職當日爲陳小美向勞保局辦理投保，則保險效力追溯至當日零時零分以後發生的事故，均可得到勞保的保障；但是如果投保單位不是在其員工到職當日投保，而是在到職次日以後才辦理投保，則保險效力應自投保的次日零時零分以後才發生，所以，自投保的次日零時零分以後所發生的事故，才可得到勞工保險的保障。在本案例，由於公司是在陳小美到職的次日才辦理投保，則保險效力應自投保的次日以後才發生，因此，陳小美在到職次日下班回家途中所發生的交通意外事故，自不在勞工保險的保障範圍之內。勞保局對陳小美拒絕為保險給付是於法有據的。

其次，前述《勞工保險條例》所規定的「通知」，應具備什麼要件呢？對此《勞工保險條例施行細則》採取了比較寬的標準，依該細則第14條第1項規定，投保單位於其所屬勞工到職、入會、到訓之當日列表通知保險人者，其保險效力之開始，自投保單位將加保申報表送達保險人或郵寄之當日零時起算；投保單位非於勞工到職、入會、到訓的當日列表通知保險人者，其保險效力的開始，自投保單位將加保申報表送達保險人或郵寄之翌日零時起算。所以，只要投保單位將加保申報表送達或郵寄（以郵戳為憑）給保險人，即已符合通知的要件。如果投保單位所送的加保申報表，除姓名未塡不予受理外，其他的資料若有遺漏或疏誤，依《勞工保險條例施行細則》第15條規定，只要投保單位在收到勞保局補塡或更正通知單到達的次日起十日內補正，都自始發生保險效力。

基於上述，為了保障勞工的權益，雇主應於員工到職當日為其員工辦理投保勞工保險手續。至於本案例陳小美因此所遭受的損失，依《勞工保險條例》第72條第1項的規定，應由投保單位對陳小美負「賠償責任」。

又實務上常有「雇主」在投保勞工保險時，在「投保薪資金額」做手腳，如有「以多報少」或「以少報多」者，自事實發生之日起，按其「短報」或「多報」之保險費金額，處「四倍」罰鍰，並追繳其溢領「給付金額」。勞工因此所受「損失」，應由「投保單位」賠償之（《勞工保險條例》第72條第3項）。

註：《勞工保險條例》第72條第1項規定：「投保單位違反本條例規定，未為其所屬勞工辦理投保手續者，按自僱用之日起，至參加保險之前一日或勞工離職日止應負擔之保險費金額，處四倍罰鍰。勞工因此所受之損失，並應由投保單位依本條例規定之給付標準賠償之。」

不為員工加「保」，後果老闆自嚐

Q 案例

阿永是大明貨運行的司機，某天阿永不愼發生車禍，車毀人亡。因爲雇主並未替阿永辦理勞工保險，致阿永的太太阿水無法依《勞工保險條例》請領死亡給付。此時，阿水應如何依法尋求救濟呢？

A 解析

保障勞工生活，促進社會的安全，是我國《憲法》第153條所規定的一大原則，也是《勞工保險條例》第1條規定制定本條例的目的。因此，依據《勞工保險條例》第6條規定，凡是符合該條所規定的條件，勞工的雇主或所屬團體或所屬機構都應該以其本身爲投保單位，爲年滿十五歲以上六十五歲以下的勞工參加勞工保險。其包括下列人員：

一、受僱於僱用勞工五人以上的公、民營工廠、礦場、鹽場、農場、牧場、林場、茶場的產業勞工及交通、公用事業的員工。

二、受僱於僱用五人以上的公司、行號的員工。

三、受僱於僱用五人以上的新聞、文化、公益及合作事業的員工。

四、依法不得參加「公務人員保險」（註1）或「私立學校教職員保險」（註2）的政府機關及公、私立學校的員工。

五、受僱於從事漁業生產的勞動者。

六、在政府登記有案的職業訓練機構接受訓練者。

七、無一定雇主或自營作業而參加職業工會者。

八、無一定雇主或自營作業而參加漁會的甲類會員。

勞工保險的內容依《勞工保險條例》第2條規定，分爲：一、普通事故保險（包括生育、傷病、失能、老年及死亡五種給付）；二、職業災害保險（包括傷病、醫療、失能及死亡四種給付）。前述普通事故保險不包含「醫療」，乃因《全民健康保險法》的制定與施行，醫療部分由「中央健康保險署」辦理。

雇主爲勞工辦理投保手續後，保險效力何時生效？依《勞工保險條例》第11條規定，雇主於勞工到職的當日，列表通知勞保局者，其保險效力自通知的當日起算；但雇主非於勞工到職之當日列表通知勞保局者，除依《勞工保險條例》第72條規定處罰外，其保險效力自通知的翌日開始起算。

所以，本案例中，大明貨運行的老闆應爲阿永投保勞工保險，雇主如果不依法律規定爲勞工辦理投保手續，依《勞工保險條例》第72條第1項規定，除了應按僱用當天起至參加保險之日止所必須負擔的保險費金額處以「四倍」的「罰鍰」外，倘若勞工因為沒有參加勞保而受損害致不能向勞保局請求保險給付時，則應由雇主負擔依《勞工保險條例》計算由勞保局負擔的保險給付。因此，阿永的太太阿水雖不能依《勞工保險條例》向勞保局請求死亡給付，但可以依照《勞工保險條例》第72條第1項的規定向阿永的雇主請求賠償。

註1：參見《公教人員保險法》。

註2：參見《私立學校教職員保險條例》；該條例中所稱之「私立學校」，係指依照《私立學校法》規定，辦妥財團法人登記，並經主管教育行政機關核准立案而言。

柒.

勞動檢查、勞工安全衛生篇

雇主及勞工如何看待勞動檢查？

Q 案例

李大明自從接下其父親所留下的工廠，每天即努力於公司業務的改善，對於是否合乎勞動管理法令的要求方面，尤其注意。李大明日前聽友人提及《勞動基準法》中有「勞動檢查」的規定，他想了解雇主及勞工各應如何面對勞動檢查？

A 解析

我國《勞動基準法》於第十章規定「監督與檢查」，依該法第72條規定，中央主管機關，爲貫徹《勞動基準法》及其他勞工法令的執行，設勞工檢查機構或授權省市主管機關專設檢查機構辦理之；地方主管機關於必要時，也得派員實施檢查。

而勞動檢查的事項範圍，依《勞動檢查法》第4條的規定，包括：

一、依《勞動檢查法》規定應執行檢查的事項。

二、勞動基準法令規定的事項。

三、職業安全衛生法令規定的事項。

四、其他依勞動法令應辦理的事項。

而上述勞動檢查的工作，應由「檢查員」執行職務，其執行職務應出示「檢查證」。「勞動檢查員」的任用及訓練的條件，《勞動檢查法》第8條、第9條均有規定，中央勞動主管機關前述規定，訂有《勞動檢查員遴用及專業訓練辦法》。

除前述規定外，雇主及勞工尚須注意以下四點：

一、勞工發現事業單位違反《勞動基準法》及其他勞工法令規定時，得向雇主、主管機關或檢查機構「申訴」（參見《勞動基準法》第74條第1項），又該「申訴」得以「口頭」或「書面」爲之（參見《勞動基準法施行細則》第46條）。

二、雇主不得因勞工爲上述「申訴」而予「解僱、調職」或其他不利的處分（註）（參見《勞動基準法》第74條第2項），反而應即查明申訴事項，如有違反法令規定情事應即改正，並將結果通知「申訴人」（參見《勞動基準法施行細則》第47條）。

三、檢查員檢查後會將「檢查結果」向事業單位作必要的說明，並報告檢查機構；而事業單位如對該檢查結果有「異議」時，應於通知送達後「十日」內向檢查機構以「書面」提出（參見《勞動基準法施行細則》第44條至第45條）。

註：在此所稱的「其他不利的處分」，乃指損害勞工依法令、契約或習慣上所應享有的權利。

職業安全衛生，營造業主有責！

Q 案例

徐長鉅接掌父親的事業，成爲一家營造廠的負責人，其聽友人李律師說：「營造業在工地施工，對於勞工的安全衛生疏忽不得。」徐長鉅想了解究竟要注意哪些規定？

A 解析

我國爲防止職業災害，保障勞工的安全與健康，乃制定《職業安全衛生法》，由於該法依《職業安全衛生法》第4條前段定，適用於「各業」，所以也適用於「營造業」，營造業對於勞工的安全衛生自應加以注意，並遵守規定。

首先，雇主對下列事項應有符合規定之必要安全衛生設備及措施：一、防止機械、設備或器具等引起之危害。二、防止爆炸性或發火性等物質引起之危害。三、防止電、熱或其他之能引起之危害。四、防止採石、採掘、裝卸、搬運、堆積或採伐等作業中引起之危害。五、防止有墜落、物體飛落或崩塌等之虞之作業場所引起之危害。六、防止高壓氣體引起之危害。七、防止原料、材料、氣體、蒸氣、粉塵、溶劑、化學品、含毒性物質或缺氧空氣等引起之危害。八、防止輻射、高溫、低溫、超音波、噪音、振動或異常氣壓等引起之危害。九、防止監視儀表或精密作業等引起之危害。十、防止廢氣、廢液或殘渣等廢棄物引起之危害。十一、防止水患、風災或火災等引起之危害。十二、防止動物、植物或微生物等引起之危害。十三、防止通道、地板或階梯等引起之危害。十四、防止未採取充足通風、採光、照明、保溫或防濕等引起之危害。如有違反上述規定，致發生「死亡災害」的職業災害者，處三年以下有期徒刑、拘役或科或併科新台幣三十萬元以下的罰金；又「法人」犯前述之罪，除處罰其「負責人」外，對該法人亦科以新台幣三十萬元以下罰金（參見《職業安全衛生法》第6條、第40條）。

其次，營造業爲他事業單位承攬工程，則「承攬人」就其承攬部分負《職業安全衛生法》所定的雇主責任，原事業單位就「職業災害補償」仍應與承攬人負「連帶責任」（註）；承攬人就其承攬的全部或一部分交付「再承攬」時，承攬人也應依規定，將該承攬有關的事業工作環境、危害因素暨《職業安全衛生法》及有關安全衛生的規定應採取的措施告知「再承攬人」（參見《職業安全衛生法》第25條、第26條）。

再者，雇主所僱用的勞工如爲「童工」、「女工」或「妊娠中或產後未滿一年的女工」，雇主所交付的工作應注意不得有《職業安全衛生法》所禁止的情事發生。茲以女工爲例，雇主不得使女工從事下列危險性或有害性的工作：一、礦坑工作。二、鉛及其化合物散布場所之工作。三、異常氣壓之工作。四、處理或暴露於弓形蟲、德國麻疹等影響胎兒健康之工作。五、處理或暴露於二硫化碳、三氯乙烯、環氧乙烷、丙烯醯胺、次乙亞胺、砷及其化合物、汞及其無機化合物等經中央主管機關規定之危害性化學品之工作。六、鑿岩機及其他有顯著振動之工作。七、一定重量以上之重物處理工作。八、有害輻射散布場所之工作。九、已熔礦物或礦渣之處理工作。十、起重機、人字臂起重桿之運轉工作。十一、動力捲揚機、動力運搬機及索道之運轉工作。十二、橡膠化合物及合成樹脂之滾輾工作。十三、處理或暴露於經中央主管機關規定具有致病或致死之微生物感染風險之工作。十四、其他經中央主管機關規定之危險性或有害性之工作（參見《職業安全衛生法》第30條第1項）。

最後雇主還應遵守以下三點規定：一、雇主對勞工應施以從事工作及預防災變所必要的安全衛生教育、訓練。二、雇主應負責宣導《職業安全衛生法》及有關安全衛生的規定，使勞工周知。三、雇主應依《職業安全衛生法》的規定，會同「勞工代表」訂定適合其需要的安全衛生工作守則，報經「檢查機構」備查後，公告實施。

註：連帶責任依其發生係因「法律規定」或「當事人約定」，而有法定連帶責任與約定連帶責任之分。

哪些行業需要注意《職業安全衛生法》？

Q 案例

張大明負責一家製鞋廠，工廠頗具規模，他想了解該行業有無《職業安全衛生法》的適用？又如適用該法時，有哪些必要的安全衛生設備受到法令的要求？

A 解析

我國為了防止「職業災害」，保障勞工的安全與健康，特制定了《勞工安全衛生法》，後更名為《職業安全衛生法》，此一法律不論「雇主」或「勞工」均須加以注意，才能防止職業災害不斷地發生。

勞工與雇主對於該法首須注意，依《職業安全衛生法》第4條規定，該法適用於各業，僅於例外情況下，因事業規模、性質及風險等因素，中央主管機關得指定公告其適用本法之部分規定。勞動部於民國103年9月26日發布勞職授字第1030201348號公告，公告「適用職業安全衛生法部分規定之事業範圍」，公告適用《職業安全衛生法》部分規定之事業範圍如勞動部所製作之附表。

至於安全衛生設備，雇主則須注意符合以下必要標準：

一、防止機械、設備或器具等引起之危害。

二、防止爆炸性或發火性等物質引起之危害。

三、防止電、熱或其他之能引起之危害。

四、防止採石、採掘、裝卸、搬運、堆積或採伐等作業中引起之危害。

五、防止有墜落、物體飛落或崩塌等之虞之作業場所引起之危害。

六、防止高壓氣體引起之危害。

七、防止原料、材料、氣體、蒸氣、粉塵、溶劑、化學品、含毒性物質或缺氧空氣等引起之危害。

八、防止輻射、高溫、低溫、超音波、噪音、振動或異常氣壓等引起之危害。

九、防止監視儀表或精密作業等引起之危害。

十、防止廢氣、廢液或殘渣等廢棄物引起之危害。

十一、防止水患、風災或火災等引起之危害。

十二、防止動物、植物或微生物等引起之危害。

十三、防止通道、地板或階梯等引起之危害。

十四、防止未採取充足通風、採光、照明、保溫或防濕等引起之危害（參見《職業安全衛生法》第6條第1項）。

如何運用《職業安全衛生法》保障權益？

Q 案例

李小漢自高中畢業服役回來之後，就在一家化學工廠服務，李小漢自法律專家處知悉有《職業安全衛生法》的適用，而李小漢想進一步了解運用該法能使其權益獲得何種保障？

A 解析

關於此一問題，可以從以下五點加以了解：

一、立法目的

勞工發生職業災害，不僅對個人及公司造成極大的困擾及損失，對整個社會而言，也有不小傷害，因此世界各國除了在勞動條件基準上立法規範外，對某些特殊危險場所亦立法加以規範，以防止職業災害發生。我國於民國80年5月17日修正公布（其後又於91年5月15日及91年6月12日作了二次修正）《勞工安全衛生法》，後於民國102年7月3日修正公布名稱爲《職業安全衛生法》，該法又經立法院修正，並於民國108年5月15日由總統公告，冀期往後勞工於職場環境內能更進一步獲得保障。

二、《職業安全衛生法》與《勞動基準法》的關係

《勞動基準法》乃規定勞動條件最低標準，所有勞動契約訂定的條件及強制規定安全設備等等，均不得低於《勞動基準法》所規定的標準，因此其爲一普通法規。而《職業安全衛生法》乃以防止職業災害爲目的，來保障勞工生命安全及身體健康，範圍上侷限在特定目的內，是其二者雖屬勞動法規，但《職業安全衛生法》顯然是特別法，在保護勞工方面比《勞動基準法》更嚴謹、更慎重。

三、職業災害發生的處理

《職業安全衛生法》主要目的在防止職業災害的發生，但如不幸發生時，則必須作一處理，以免災害擴大，造成更大不幸。依《職業安全衛生法》第37條第1項規定：「事業單位工作場所發生職業災害，雇主應即採取必要之急救、搶救等措施，並會同勞工代表實施調查、分析及作成紀錄。」此爲「一般的職業災害」發生後雇主應負的責任；透過調查、分析，對於防患未然更具成效，如雇主違反此規定，將受新台幣三萬元以上三十萬元以下的罰鍰（《職業安全衛生法》第43條第2款規定）。對於發生「重大的職業災害」，則依同法第37條第2項規定，雇主應於二十

四小時內報告檢查機構。又雇主須保持現場，以供檢查人員及司法人員的調查，以便判定發生原因及責任，所以同法同條第4項規定，事業單位發生重大職業災害，除必要的急救、搶救外，雇主非經司法機關或檢查機構許可，不得移動或破壞現場。

四、職業災害的補償

勞工一旦不幸發生職業災害，往往使其生活陷入困頓，各國爲使其在傷害期間得以生活，均規定由雇主負補償責任；且因勞工係執行職務而發生災害，若採取「過失主義」，對勞工恐極不利，且此爲社會責任之一種，因此補償責任上皆採「無過失主義」，亦即不論雇主有無過失，一旦有職業災害發生，均須負補償責任，以保障勞工。《職業安全衛生法》對於職業災害發生後雇主的補償責任並未規定，但《勞動基準法》第59條則規定甚詳，所以一旦發生職業災害，勞工可逕依《勞動基準法》第59條規定，向雇主請求補償或賠償。

捌.

外籍勞工篇

聘僱外勞的法律須知

Q 案例

阿祥從事遠洋漁業，自己擁有一艘船，這幾年國內漁工短缺，每到出海季，阿祥總是爲了人手召募不足傷腦筋。最近村裡來了幾名大陸沿海的陌生客，據說是偷渡來台的；阿祥與他們接觸後，得知對方過去也是漁民，對於海上作業甚爲熟悉，雙方因此一拍即合，達成短期僱用的約定。阿松聽說阿祥僱用的是非法的大陸漁工，連忙趕來勸阻阿祥，希望阿祥再好好考慮考慮，以免到時被警方查獲，責任擔不了。究竟聘僱合法外勞，要符合哪些規定？

A 解析

台灣因勞力短缺，或因有些工作本國勞工不願從事，導致有自國外引進外勞的必要。

聘僱外勞涉及相關法令的規範，申請僱用也必須符合法定程序。又外勞逃跑時有所聞，雇主也須注意看管的責任。以下就其相關問題提出探討。

一、聘僱外勞的法律程序

按雇主聘僱外國人申請主管機關許可，必須依《雇主聘僱外國人許可及管理辦法》（註1）的規定申請。該辦法將外國人分成四類（參見《雇主聘僱外國人許可及管理辦法》第2條）：

㈠第一類外國人：指受聘僱從事《就業服務法》第46條第1項第1款至第6款規定工作的外國人。

㈡第二類外國人：指受聘僱從事《就業服務法》第46條第1項第8款至第10款規定工作的外國人。

㈢第三類外國人：指特定種類受聘從事《就業服務法》第46條第1項第11款工作的外國人。

㈣第四類外國人：指依《就業服務法》第50條第1款或第2款規定從事工作的外國人。

㈤第五類外國人：指依《就業服務法》第51條第1項第1款至第4款規定從事工作的外國人

就以公司所要聘任的外國人屬於《就業服務法》第46條第1項第1款「專門性技術性工作」的外國人（即屬「第一類外國人」）為例，雇主於申請時應備下列文件（參見《雇主聘僱外國人許可及管理辦法》第9條第1項）：

㈠申請書。

㈡申請人或公司負責人之身分證明文件；其公司登記證明、

有限合夥登記證明、商業登記證明、工廠登記證明或特許事業許可證等影本。但依相關法令規定，免辦工廠登記證明或特許事業許可證者，免附。

㈢聘僱契約書影本。

㈣受聘僱外國人之名冊、護照影本或外僑居留證影本及畢業證書影本。

㈤審查費收據正本。

㈥其他經中央主管機關規定的文件。

上述文件如於國外作成者，「中央主管機關」可以要求經我國駐外館處驗證。

而雇主提出申請，如有下述情形之一者，中央主管機關依規定將不予「聘僱許可」（參見《雇主聘僱外國人許可及管理辦法》第14條）：

㈠提供不實或失效資料。

㈡依「中央衛生主管機關」訂定相關的《受聘僱外國人健康檢查管理辦法》（註2）規定，健康檢查不合格（註3）。

㈢不符申請規定，經限期補正，屆期未補正。

㈣違反依照《就業服務法》第46條第2項所訂定的標準（註4）。

二、「非法僱用」不同於「非法容留」

明白外勞的申請程序後，雇主還應明白不得有「非法僱用」與「非法容留」的行爲。而何謂「非法僱用」及「非法容留」？

依《就業服務法》第43條規定：「除本法另有規定外，外國人未經雇主申請許可，不得在中華民國境內工作。」如違反上述之情事，即屬違反《就業服務法》第57條第1款：「雇主聘僱外國人不得有下列情事：一、聘雇未經許可、許可失效或他人所申請聘僱之外國人。……」的規定。如有前述情事僱用外勞者，就是「非法僱用」。

「非法僱用」不同於「非法容留」。所謂「非法容留」，乃指違反《就業服務法》第44條：「任何人不得非法容留外國人從事工作。」的規定。具有上述情事者，其處罰適用《就業服務法》第63條的規定，即：「Ⅰ.違反第四十四條……規定者，處新台幣十五萬元以上七十五萬元以下罰鍰。五年內再違反者，處三年以下有期徒刑、拘役或科或併科新台幣一百二十萬元以下罰金。Ⅱ.法人之代表人、法人或自然人之代理人、受僱人或其他從業人員，因執行業務違反第四十四條……規定者，除依前項規定處罰行爲人外，對該法人或自然人亦科處前項之罰鍰或罰金。」。

至於「非法僱用」因有《就業服務法》第57條第1款：「聘僱未經許可、許可失效或他人所申請聘僱之外國人。」的情事，亦適用《就業服務法》第63條規定而處罰。

對於「非法容留」與「非法僱用」二者之不同，已如前述，其區分可參考行政院勞工委員會91年7月24日勞職外字第09102005078號函釋：「一、本法第57條第1款：『聘僱他人所申請聘僱之外國人』：㈠與第44條『非法容留』有所區別。㈡說明：應依客觀事實判定『非法雇主』與『外國人』間有否構成聘僱關係，如『非法雇主』與『外國人』間『無聘僱關係』者，則非本款規定之範圍，而係違反第44條『非法容留』之規定。」（註5）

三、外勞逃跑，雇主如何因應？

如前所述，雇主僱用外勞，一定要管理好，避免其逃跑；又如不幸逃跑，要如何因應？其管理方式可從以下各點著手：

㈠改善外勞食宿環境，並多加關心，提早發現其生活上所遭遇的困難並協助解決。

㈡加強生活、工作管理及職工的安全衛生教育，使其適應環境。

㈢定期、不定期為外勞安排旅遊活動、提供書報雜誌、休閒設備、倡導正確的休閒活動。

㈣告誡外勞，讓其了解逃跑後可能發生的後果。

㈤請國外承辦引進外勞的仲介公司，讓來台的外勞均須由其父母或配偶簽訂「履約保證書」，由其保證該外勞來台工作不會逃跑（註6）。

萬一不幸發生了逃跑事件，雇主須注意以下兩點：

㈠履行通報義務：我國《就業服務法》第56條規定：「受聘僱之外國人有連續曠職三日失去聯繫或聘僱關係終止之情事，雇主應於三日內以書面通知當地主管機關及警察機關。」又《雇主聘僱外國人許可及管理辦法》第68條規定：「雇主對聘僱之外國人有本法第五十六條規定之情形者，除依規定通知當地主管機關及警察機關外，並副知中央主管機關。……第一項通知內容，應包括外國人之姓名、性別、年齡、國籍、入國日期、工作期限、招募許可或聘僱許可文號及外僑居留證影本等資料。外國人未出國者，警察機關應彙報內政部警政署，並加強查緝。」

適用上述規定時，應注意以下二點：

1.在此所稱的「連續曠職三日失去聯繫」乃指外國人連續曠職且與雇主失去聯繫而言（參見行政院勞工委員會83年6月14日台勞職業字第29003號函釋）；所以雇主在陳報外勞逃跑時，必須其所聘僱之外國人有「連續曠職三日」及「失去聯繫」二者要件同時符合（參見行政院勞工委員會86年3月12日勞外字第0900101號函釋）。

2.雇主如未履行此一通報義務，依《就業服務法》第68條第1項規定，將被處新台幣三萬元以上十五萬元以下罰鍰。

㈡將該外勞的勞工保險退保：行政院勞工委員會84年12月30日台勞職業字第107468號函認爲：「……四、關於外籍勞工曠職失去聯繫後，可否馬上撤銷其勞保乙節：依《勞工保險條例》第11條規定：符合第6條規定之勞工，各投保單位應於其所屬勞工離職之當日，列表通知保險人，辦理退保。就此部分，請依上開規定辦理。」（註7）。

四、結語

綜上所述，僱用外勞攸關法律，雇主一定要依法定程序爲之並做好管理，才不致爲自己招來麻煩。

註1：《雇主聘僱外國人許可及管理辦法》係依《就業服務法》第48條第2項之規定訂定。

註2：《受聘僱外國人健康檢查管理辦法》係依就業服務法第48條第3項之規定訂定。

註3：行政院衛生署為此訂有受聘僱外國人健康檢查管理辦法。

註4：《就業服務法》第46條第2項：「從事前項工作之外國人，其工作資格及審查標準，由中央主管機關會商中央目的事業主管機關定之。」行政院勞工委員會也依上述規定曾發布施行外國人從事《就業服務法》第46條第1項第1款至第6款工作資格及審查標準、外國人從事《就業服務法》第46條第1項第8款至第11款工作資格及審查標準等規定。

註5：參見中華民國就業服務專業人員協會編著：就業服務法暨解釋令彙編，頁368，民國95年4月初版，中華民國就業服務專業人員協會出版。

註6：參見周信利著：外勞引進管理寶典，頁23～27，1997年11月初版一刷，世界商業文庫出版。陳明裕編著：外籍勞工引進與管理實務，頁146，民國84年4月初版一刷，自刊本。

註7：載中華民國就業服務專業人員協會編著：就業服務法暨解釋令彙編，頁317，民國95年4月，中華民國就業服務專業人員協會出版。

玖.

勞資爭議篇

勞雇雙方對於勞動爭議法律救濟的應有認識

一、勞動爭議逐年增加中

雇主營運一企業往往需有勞工的協助，立法院爲了強化保障勞工權益，三讀通過《勞動基準法》，並由總統於民國73年7月30日公布施行；該法自公布施行後，又歷經二十餘次修正。

由於該法課予雇主相關義務，如有違反，則會引起勞資爭議，勞資爭議相關的法律責任，有些涉及「民事爭訟」，有些涉及「刑事爭訟」，更有些涉及「行政爭訟」；這些相關案件逐年遞增，因而不論雇主或勞工均須加強法律救濟的相關認識，筆者謹藉本文予以剖析。

二、勞動民事爭議的法律救濟

首先因雇主與勞工間訂有「勞動契約」，雇主與勞工間的勞動契約如有違法終止，即生「違法解僱訴訟」，另外雇主對於勞工固然有指揮命令之權，但對於勞工的調動，仍須依法，倘違法調動，即生「違法調動訴訟」。再者，勞工對雇主有時會爲給付加班費、退休金、資遣費、職業災害補償……等，而對雇主提告；反之，雇主也會對有些違反最低服務年限、保密義務、競業禁止之勞工的違約賠償訴訟。這些爭執可透過「調解」、「訴訟」、「仲裁」等方式解決。

三、勞動刑事爭議的法律救濟

其次《勞動基準法》於第十一章訂有「罰則」，相關罰則有「刑罰」的規定，也有「行政罰」的規定；如有違反規定，該規定訂有「刑罰」（註1），則構成「犯罪」；例如：

㈠雇主強暴、脅迫、拘禁或以其他非法方法，強制勞工從事勞動，將處五年以下有期徒刑、拘役或科或併科新台幣（下同）七十五萬元以下罰金（參見《勞動基準法》第5條、第75條）。

㈡介入他人的「勞動契約」，抽取不法利益，處三年以下有期徒刑、拘役或科或併科四十五萬元以下罰金（參見《勞動基準法》第6條、第76條）。

㈢雇主對於已因健康或其他正當理由，而不能接受正常工作時間以外工作的勞工，竟強制其工作，將處六個月以下有期徒刑、拘役或科或併科三十萬元以下罰金（參見《勞動基準法》第42條、第77條）。

㈣雇主僱用童工及十六歲以上未滿十八歲之人，從事「危險性」或「有害性」的工作，將處六個月以下有期徒刑、拘役或科或併科三十萬元以下罰金（參見《勞動基準法》第44條第2項、

第77條）。

㈤雇主對於因健康或其他正當理由，而不能於午後十時至翌晨六時之時間內工作的女工，強制其工作，將處六個月以下有期徒刑、拘役或科或併科三十萬元以下罰金（參見《勞動基準法》第49條第3項、第77條）。

其他如違反《勞動基準法》第45條第1項、第47條、第48條或第64條第1項，《勞動基準法》第97條也規定構成犯罪，而訂有「刑罰」。

四、勞動行政爭訟的法律救濟

再者，《勞動基準法》對於違反《勞動基準法》的規定，科處「罰鍰」；「罰鍰」不同於「罰金」，前者屬於「行政罰」，後者則屬於「刑罰」（註2）；《勞動基準法》中科處「罰鍰」，例如：

㈠雇主依《勞動基準法》第16條規定終止勞動契約，而未發給勞工「資遣費」，處三十萬元以上一百五十萬元以下「罰鍰」，並限期令其給付，屆期未給付者，仍按次處罰（參見《勞動基準法》第17條、第78條第1項）。

㈡雇主預扣勞工工資作為「違約金」（註3）或賠償費用，處九萬元以上四十五萬元以下罰鍰（參見《勞動基準法》第26條、第78條第2項）。

㈢雇主與勞工議定工資，而其工資低於「基本工資」（註4），處二萬元以上一百萬元以下罰鍰（參見《勞動基準法》第21條第1項、第79條第1項第1款）。

㈣拒絕、規避或阻擾「勞工檢查員」依法執行職務者，處三萬元以上十五萬元以下「罰鍰」（參見《勞動基準法》第80條）。

其他尚有其他違反《勞動基準法》的行爲，雇主將遭到行政罰。如果雇主對於前開行政罰無法接受時，則應於收到行政罰的通知「三十天」內，依《訴願法》規定提起「訴願」（註5）；又如訴願遭到駁回，如仍不服時，則可依《行政訴訟法》的規定，提起「行政訴訟」（註6），俾資救濟。

五、結語

綜上所述，勞資爭議確實逐年遞增，勞資雙方遇有爭議時，儘可能先行「協調」，倘若協調不成，不得已進入爭訟，則須注意相關法律規定，並遵行應進行的法律程序，方能做出正確有效的法律救濟。

註1：《刑法》第33條第5款規定：「罰金」為主刑之一，新台幣一千元以上，以百元計算之。

註2：違反行政法上義務，而受「罰鍰」之行政罰的處罰時，適用《行政罰法》（參見《行政罰法》第1條）。

註3：所謂「違約金」乃以確保債務之履行為目的，由當事人約定債務人不履行債務或不為適當之履行，所應支付之金錢。

註4：民國114年1月1日起基本工資（最低薪資）從新台幣（下同）27,470元調升至28,590元；至於基本時薪（最低時薪）從183元調升至190元。

註5：訴願之提起，應自「行政處分」達到或公告期滿之次日起「三十日內」為之（《訴願法》第14條第1項）。

註6：提起行政訴訟，應提出「訴狀」，表明：1.當事人；2.起訴之聲明；3.訴訟標的及其原因事實（參見《行政訴訟法》第105條第1項）。

勞工可以任意罷工嗎？

Q 案例

王大明的工廠僱用上百名工人，然因國外訂單大幅減少，王大明想裁員二十名；工人知悉後，希望同進退，乃打算運用罷工促使王大明不要有裁員的舉動。王大明想了解這些工人集體罷工的行爲是否於法有據？

A 解析

經濟景氣的好壞，對於雇主的經營有極大影響，這是無庸置疑的。本來雇主對於其事業經營，應自行負擔其成敗風險，不得轉嫁於員工；然而，員工與雇主其實是一種命運共同體的關係，如果雇主的事業經營不善，甚至面臨歇業、倒閉，則員工的權益也將化爲烏有。因此，在高倡保障員工勞動權益的同時，對於雇主在經營上所面臨的困境也不能不予兼顧。所以，《勞動基準法》第11條允許雇主在面臨歇業、虧損或有業務緊縮的情形時，得經預告終止勞動契約，並依同法第17條規定發給「資遣費」。其次，雇主如認爲有調整勞動條件的必要時，也可依《勞資爭議處理法》的相關規定，與勞工溝通或申請調解，或提交勞資爭議仲裁委員會進行仲裁。

本件王大明所經營的工廠如有業務緊縮的情形，自得依《勞動基準法》第11條的規定，經「預告」終止勞動契約，並依同法第17條的規定發給「資遣費」。對於刪減員工的津貼，則涉及勞動條件的變更，宜經由勞雇雙方協調溝通來解決，如果溝通無效果，也得向縣（市）政府申請調解，或請求交付仲裁，依法定程序解決。

至於員工可否因不同意雇主的措施而以罷工的方式抗爭？這個問題涉及勞工有無「罷工的權利」。依現行法律，勞工是可以罷工的，然而由於罷工將導致勞雇雙方激烈的衝突，嚴重影響勞雇的和諧，因此，罷工必須受法律嚴格的規範而不可任意爲之。依《工會法》第26條的規定，罷工須具備三個要件：一、須由工會所發動；二、須因調解不成立始可罷工；三、須經一定的程序，亦即應由工會全體會員以無記名投票經半數以上通過始可。如果違反前述要件，則其罷工爲不合法，雇主對於煽動不合法罷工的員工或對於因參加不合法罷工而未依規定工作的員工，可以其違反相關的工作規則或依《勞動基準法》第12條的規定予以處分或終止勞動契約。

當然，勞雇的和諧是創造勞雇雙贏的不二法門，惟勞雇的和諧相處是一種藝術，除了要仰賴完善的勞動法令及相關規則外，更有賴彼此本於互信互諒始能達成。在這經濟不景氣的時候，勞資糾紛層出不窮，唯有勞雇雙方設身處地爲對方著想並善意溝通，方能有效化解衝突，共創雙贏（註）。

註：吳威志．蘇爾晴合著：合法罷工——勞資爭議界定與行使程序，頁117，民國112年3月初版，永然文化出版股份有限公司出版。

勞資相爭，誰調停？

Q 案例

王大明所經營的工廠日前有一位李姓員工遭資遣，而李姓員工認爲王大明違反《勞動基準法》，屬於非法資遣，試問：李姓員工能否透過訴訟以外較溫和的途徑與王大明解決其間的勞資爭議呢？

A 解析

按公司與員工之間存在著勞動關係，而此種勞動關係並不以訂立「書面契約」爲必要。勞動關係成立後，任何一方均負有依所約定的勞動條件履行的義務，就員工而言，依公司的指示提供勞務爲其最主要的義務；就公司而言，依雙方所約定的條件給付報酬則爲其最主要的義務。然而，勞動關係是一種持續性的、長期性的相互對待關係，它畢竟不像買賣，經由單次的交易行爲即可達成契約目的；因此，在勞動關係存續期間，勞雇間應本於最大誠意履行其義務，否則，將引起勞資糾紛。勞資糾紛的產生原因固然有各種可能性，惟無論如何，勞雇的和諧才是確保員工權益的不二法門。勞雇間若不免發生爭議時，其爭議的解決則必須本於理性、和平及合法的原則來處理。

勞雇之間乃是命運共同體的關係，如果一時無法達成共識，也應經由「法定程序」來處理，任何非理性的抗爭，只會徒增紛擾而無助問題的解決。

有關勞資爭議的處理機關，依《勞資爭議處理法》第4條規定，在中央爲勞動部；在直轄市（註1）爲直轄市政府在各縣（市）爲縣（市）政府。

其次，介紹有關勞資爭議的處理程序。所謂勞資爭議，依《勞資爭議處理法》規定，可分爲「權利事項的勞資爭議」與「調整事項的勞資爭議」，前者是指勞資雙方當事人基於法令、團體協約、勞動契約的規定所爲權利義務的爭議（註2），例如雇主未經員工同意而片面減薪或終止勞動契約所引起的爭議；後者則指勞資雙方當事人對於勞動條件主張繼續維持或變更的爭議（註3），例如一方要求全面調薪但他方不同意所引起的爭議。屬於「權利事項」的勞資爭議，應透過「調解」、「仲裁」或裁決程序來處理，而調解、訴訟或仲裁，就是解決勞資爭議的法定程序。其中調解是由勞資爭議當事人向直轄市或縣（市）主管機關（即縣市政府）提出調解申請，並由調解委員會處理。所謂訴訟，是由當事人按事件的性質向地方法院提起民事訴訟。而有關「調整事項」的勞資爭議，經調解不成立者，得經勞資爭議雙方當事人的申請，交付「勞資爭議仲裁委員會」仲裁。主管機關認爲情節重大有交付仲裁的必要時，也得依職權交付仲裁，並通知勞資爭議當事人。

最後，勞資爭議的解決應以理性、和平的方式為之，在調解或仲裁期間，不但雇主不得因該勞資爭議事件而歇業、停工、終止勞動契約或為其他不利於勞工的行為，勞工也不得因該勞資爭議事件而罷工、怠工或為其他影響工作秩序的行為；亦即爭議行為期間，爭議當事人雙方應維持工作場所安全及衛生設備之正常運轉（《勞資爭議處理法》第56條）。

註1：直轄市有台北市、新北市、桃園市、台中市、台南市、高雄市。

註2：《勞動爭議處理法》第5條第2款。

註3：《勞動爭議處理法》第5條第3款。

民衆均應注意已經上路的《勞動事件法》

一、「勞動事件」的爭議適用《勞動事件法》

有關民事爭訟適用《民事訴訟法》，勞動爭議屬於「民事爭議」，但自民國109年1月1日起施行的《勞動事件法》成爲被優先於《民事訴訟法》、《強制執行法》適用的程序法。

爲迅速、妥適、專業、有效、平等處理「勞動事件」，立法院於民國107年間三讀通過《勞動事件法》，該法業已施行，該法不論「勞方」或「資方」均應加以注意，筆者願藉本文略述要點於後。

二、本法適用於那些「勞動事件」？

首先《勞動事件法》適用於有爭議的「勞動事件」，在此所稱的「勞動事件」包括：

㈠基於勞工法令、團體協約、工作規則、勞資會議決議、勞動契約、勞動習慣及其他勞動關係所生民事上權利義務的爭議；

㈡建教生與建教合作機構基於高等中級學校建教合作實施及建教生權益保障法，建教訓練契約及其他建教合作關係所生民事上權利義務的爭議；

㈢因《性別平等工作法》之違反、就業歧視、職業災害、工會活動與爭議行為、競業禁止及其他因勞動關係所生的侵權行為爭議（《勞動事件法》第2條第1項）。

三、《勞動事件法》對「勞工」的特殊優惠

其次「僱主」應注意《勞動事件法》的施行，對於「勞工」處理「勞動爭議」有些優惠措施，未來這方面的案件一定會增加，例舉如下：

㈠裁判費及執行費的優惠：

勞工被一般認為資力弱於資方，《勞動事件法》第12條乃規定：「Ⅰ.因確認僱傭關係或給付工資、退休金或資遣費涉訟，勞工或工會起訴或上訴，暫免徵收裁判費三分之二。Ⅱ.因前項給付聲請強制執行時，其執行標的金額超過新臺幣二十萬元者，該超過部分暫免徵收執行費，由執行所得扣還之。」。除此之外，還於《勞動事件法》第14條放寬聲請「訴訟救助」的法定要件。

㈡顯失公平的「證據契約」（註）**，勞工不受拘束：**

勞工與雇主間如有以「定型化契約」訂立「證據契約」，且依其情形顯失公平者，「勞工」不受拘束（《勞動事件法》第33條第2項）。

㈢使雇主承擔提出「應備置文書」的義務：

勞動爭議事件，有些法令的規定應備的文書，往往由雇主持有，《勞動事件法》為保障勞工權益，特別針對「雇主依法令應備置的文書」，課予雇主有提出的義務；該文書應提出，卻無正當理由而不遵從「法院之命」提出時，法院得處新台幣三萬元以下罰鍰（《勞動事件法》第35條、第36條第1項）。

㈣勞工聲請保全程序，限定供擔保金額，減輕勞工負擔：

如前所述，一般勞工與雇主經濟較為弱勢，為請求給付工資、退休金、資遣費、職災賠償，常有進行假扣押、假處分或定暫時狀態之保全程序的必要，《勞動事件法》第47條規定法院命供擔保的金額，不得高於請求標的之金額或價額的十分之一。

四、適用「調解」前置程序

又訴訟往往曠日費時，為了快速解決勞動爭議，減輕勞工的訟累，《勞動事件法》原則上對「勞動事件」採行「調解前置主義」，除法律有特別規定，如因《性別平等工作法》第12條所生的爭議……等案件外，原則上，於「起訴」前，應經法院行「勞動調解程序」（《勞動事件法》第16條第1項）；且此調解應注意以下四點：

㈠由「勞動法庭」的法官一人及勞動調解委員二人組成「勞動調解委員會」行之，由該委員會的「法官」指揮調解程序（《

勞動事件法》第21條第1項、第23條第1項）。

㈡勞動調解程序，除有特別情事外，應該「三個月」內以「三次期日」內終結之。

㈢兩造當事人合意，可以由「勞動調解委員會」酌定解決事件的「調解條款」，調解條款應作成「書面」，或由書記官記明於「調解程序筆錄」；一旦經法官及調解委員全體簽名，則視為「調解成立」（《勞動事件法》第27條）。

㈣兩造當事人不能合意成立調解或合意由調解委員會酌定「調解條款」，「調解委員會」仍應依「職權」斟酌一切情形，並求兩造利益的平衡，於不違反兩造的主要意思範圍內，提出「解決事件的適當方案」，該方案送達當事人或參加調解的利害關係人後「十日」內無人提出「異議」，視為已依該方案成立調解（《勞動事件法》第28條、第29條）。

五、結語

綜上所述，《勞動事件法》優先於《民事訴訟法》、《強制執行法》而適用，勞、資雙方如發生「勞動事件」爭議時，務必注意相關規定，正確地運用其程序，俾保自身權益。

註：所謂「證據契約」，乃指當事人就發生爭議裁判所需的重要事實或證據，就證明程序有關的事項為一定的約定。

勞工運用《勞動事件法》之調解的法律須知！

一、《勞動事件法》的施行，有利於勞工解決勞動爭議

近年來國內勞動爭議事件日增，當勞資雙方無法協商解決，自然走向法院對簿公堂，然我國現行「勞動訴訟」有下述障礙，即：㈠訴訟費用與負擔；㈡訴訟曠日費時；㈢保全程序適用困難；㈣欠缺工會與保護團體的功能（註1）；因而立法院於民國107年間三讀通過《勞動事件法》，該法優先於現行《民事訴訟法》、《強制執行法》的適用，該法由總統於民國107年12月5日公布，並自民國109年1月1日起施行。

《勞動事件法》共計五章五十三條條文，其中第二章「勞動調解程序」頗具特色，筆者願藉本文予以介紹，俾供勞工於處理勞動爭議時運用。

二、勞動事件適用「調解前置原則」

首先勞工須瞭解勞動事件原則上適用「調解前置原則」，即於向法院起訴前，應經「法院」行勞動調解程序，除法律有例外規定（註2）（參見《勞動事件法》第16條第1項）；如果勞工逕

向法院起訴時，依《勞動事件法》第16條第2項，也視為調解之聲請。

三、聲請調解的方式

其次勞工須瞭解聲請「勞動調解」的方式，原則上應以「書面」為之；但如調解標的的金額或價額在新台幣五十萬元以下者，也可以用「言詞」方式聲請（《勞動事件法》第18條第1項）。如果以「書狀」聲請時，應於「書狀」內載明下列事項：㈠聲請人的姓名、住所或居所；聲請人為法人、機關或其他團體者，其名稱及公務所、事務所或營業所；㈡相對人的姓名、居所或住所；聲請人為法人、機關或其他團體者，其名稱及公務所、事務所或營業所；㈢有法定代理人者，其姓名、居所、住所，及法定代理人與關係人之關係；㈣聲請的意旨及其原因事實；㈤供「證明」或「釋明」用的證據；㈥附屬文件及其件數；㈦法院；㈧年、月、日。

除上述應記載事項外，也可以記載如：「預期可能的爭點及其相關之重要事實，證明」、「當事人間應為之交涉或其他至調解聲請時的經過概要（《勞動事件法》第18條第2項、第3項）。

四、「勞動調解委員會」由法院及勞動調解委員組成

再者，勞工應瞭解「勞動調解」的特色有「法官」參與，其

由「勞動法庭的法官」一人及「勞動調解委員」二人組成「勞動調解委員會」（《勞動事件法》第21條第1項）。前述「勞動調解委員」係由法院斟酌調解委員的學識經驗、勞動調解委員會的妥適組成及其他情事予以指定（《勞動事件法》第21條第2項）。調解委員會進行調解時，是由「法官」指揮該程序，又特有「特別情事」外，應於「三個月」內以「三次」期日內終結（《勞動事件法》第23條、第24條）。

五、勞動調解由法官指揮進行時的處理方式

勞動調解於雙方當事人合意或不合意時的處理方式又勞動事件由法官指揮進行調解程序，可分下述方式進行處理：

㈠如雙方當事人合意成立調解，應記載於「調解筆錄」，而該成立的調解，與「確定判決」有同一效力（《勞動事件法》第26條）。

㈡如雙方當事人未合意成立調解，但兩造有合意由勞動調解委員會酌定解決事件的「調解條款」；又如該「調解條款」經調解委員會做成「書面」，經法官及調解委員全體簽名，視爲調解成立，該書面也視爲「調解筆錄」（《勞動事件法》第27條）。

㈢如果雙方當事人未合意成立調解，也未合意由勞動調解委員會酌定解決事件的「調解條款」，則該調解委員會應依職權斟酌一切情形，遂求兩造利益的平衡，於不違反雙方之主要意思範

圍內，提出解決事件的「適當方案」，該方案應告知或送達於當事人及參加調解之利害關係人，一旦受告知收受送達後「十日」之不變期間有「異議」時，視爲調解不成立；如未合法提出「異議」，則視爲已依該方案成立調解（《勞動事件法》第29條）。

前述處理方式，可以說是《勞動事件法》最重要的改革，改變現今《民事訴訟法》調解程序，即於調解未能合意，勞動調解委員會還須提出「解決事件的適當方案」，期在「促進型調解」外，兼採「評價型調解」（註3）。

六、結語

綜上所述，勞工依《勞動事件法》解決勞動事件的爭議，運用「調解」進行處理，相較於往昔將更專業、有效率，盼勞工能於有需要時加以運用，並注意相關規定。

註1：林怡廷律師整理：漫談勞動事件法全貌（紀實篇）（上），載高雄律師月刊，第14屆第108-8期，2019年8月出刊。

註2：因《性別平等工作法》第12條所生爭議，即為例外（《勞動事件法》第16條第1項第2款）。

註3：蔡瑞麟撰：勞動事件法如何將調解變為準參審——勞動事件法逐條釋義（總評篇），載台灣法學第379期，頁7，2019年11月14日出刊。

勞工在勞動爭議程序中，運用保全程序的法律須知

一、勞動爭議有運用保全程序的必要

隨著勞工權利意識的抬頭，國內勞資爭議日益增加；勞工有因勞動契約、工作規則、退休金給付……等發生民事上權利義務的爭議，這些勞動爭議有時候需運用到「保全程序」。

按保全制度是為確保債權人進行民事訴訟結果，能夠獲得實現為目的之權宜制度。債權人因私權糾紛對債務人提起民事訴訟前或起訴後，為避免債務人脫產，致日後取得「強制執行名義」，於強制執行時，其債權無從實現；立法者乃於《民事訴訟法》中特設「保全程序」，俾以確保債權人的權利；其包括「假扣押」（註1）、「假處分」（註2）及「定暫時狀態」（註3）三種（註4）。

勞工進行勞動的民事爭議時，當然也有運用的必要；我國《勞動事件法》於民國109年元月1日起施行，該法於第四章（第46條～第50條）中規定，此為《民事訴訟法》的特別規定，依法優先適用，勞工對此須注意相關規定。

二、勞工對《勞動事件法》中保全程序的基本認識

對於此一問題，筆者提醒應注意以下三點：

㈠勞工依《勞資爭議處理法》就「民事爭議事件」申請裁決者，於裁決決定前，可以向法院聲請「假扣押」、「假處分」或「定暫時狀態處分」。

㈡《勞動事件法》認為勞工相較於雇主在經濟上普遍較為弱勢，《勞動事件法》第47條第1項規定，勞工聲請假扣押、假處分及定暫時狀態處分，法院命供擔保的金額，不得高於「請求標的金額或價額之十分之一」。甚至更一進規定，如果勞工能「釋明」提供擔保於其生計有重大困難者，法院不得命提供擔保（《勞動事件法》第47條第2項）。

㈢如有下列情形之一，均可聲請定暫時狀態處分：

1.勞工所提請求給付工資、職業災害補償或賠償、退休金或資遣費事件，法院發現進行訴訟造成其生計上的重大困難者，法院依法應「闡明」勞工可以聲請命先為一定給付的定暫時狀態處分（《勞動事件法》第48條）。

2.勞工提起確認僱傭關係存在之訴，法院認為勞工有勝訴之望，且雇主繼續僱用非顯有重大困難者，可以依勞工的聲請，准許為繼續僱用及給付工資的定暫時狀態處分（《勞動事件法》第49條第1項）。

3.在雇主調動勞工的工作，勞工提起確認調動無效或回復原職的訴訟，勞工可以提出聲請依原工作或兩造所同意工作內容繼續僱用的定暫時狀態處分（《勞動事件法》第50條）。

三、結語

《勞動事件法》明顯有利於勞工，勞工應知悉並運用依上所述《勞動事件法》中對於「保全程序」有諸多利於勞工的特別規定。俗云：「法律是保護知道法律的人」，勞工應充分瞭解，援引相關法律規定，向法院提出聲請，俾保自身權益。

註1：「假扣押」係指債權人就金錢請求或另為金錢的請求，因日後有不能強制執行或甚難執行之虞，欲保全強制執行，由法院准許債權人聲請的為暫時性的扣押措施。

註2：「假處分」乃指債權人就金錢請求以外的請求，因請求標的之現狀變更，日後有不能強制執行或甚難執行之虞，欲保全強制執行，由法院准許債權人聲請所為暫時性的處分措施。

註3：「定暫時狀態之假處分」乃指法院依債權人的聲請就爭執之法律關係定暫時狀態，藉以確保權利所為的處分措施。

註4：陳榮宗、林慶苗著：民事訴訟法，頁879，民國85年7月初版，三民書局發行。

如何決定雇主與勞工發生「勞動事件」爭議時的管轄法院？

一、雇主與勞工間的勞動爭議逐日增加

任何一企業或經營主體，雇主常須僱用勞工協助事務的處理，隨著勞工權利意識的提升，其與雇主因「勞動契約」履行而產生的爭議逐日增多。一旦發生勞動事件的爭執，有些透過私下協調，有些透過向勞動主管機關申訴，有些則上法院進行「調解」或「訴訟」。案件到法院時，第一個要解決的就是「管轄權」；不論是雇主或勞工做為調解程序聲請人或民事訴訟之原告，應向有管轄權的法院提出。在未有《勞動事件法》之前，主要是依據《民事訴訟法》的規定，但自民國109年1月1日施行《勞動事件法》後，究竟如何決定法院的管轄？筆者願藉本文予以頗析。

二、處理勞動事件由專業法庭之專業法官處理

在檢討「法院管轄」之前，先談一下勞動事件本來由專業法庭的專業法官處理，此為《勞動事件法》規定的特色。

按《勞動事件法》第4條規定，主要有三點：

㈠為處理勞動事件，各級法院應設立「勞動專業法庭」，但

法官員額較少的法院，可以僅設「專股」，以「勞動法庭」名義辦理（註1）。

㈡「勞動專業法庭」的法官，應遴選具有「勞動法」相關學識、經驗者任之。這類法官應取得該類別法官證明書，或自辦理前「一年」起主辦理後「六個月」內，參加與該類別案件之有關研習（註2）。

㈢「勞動法庭」或「專股」的設置方式，與各該法院民事庭的事務分配，其法官的遴選資格、方式、任期，以及其他有關事項，由「司法院」定之。

三、涉外勞動事件的管轄法院

其次，談到涉外勞動事件的管轄法院。關於勞動事件的法院管轄，由於台灣的企業全球化布局，有些勞工的勞務提供地是在「中華民國境外」，如：越南、印尼、馬來西亞、新加坡、印度……等，對於這類涉外勞動事件，《勞動事件法》第5條規定：「Ⅰ.以勞工為原告之勞動事件，勞務提供地或被告知住所、居所、事務所、營業所所在地在中華民國境內者，由中華民國法院審判管轄。Ⅱ.勞動事件之審判管轄合意，違反前項規定者，勞工得不受拘束。」依上述規定可知如果勞工做為起訴的原告，該案件為「涉外案件」，而其勞務提供地或被告的住所、居所、事務所、營業所在地於「中華民國」境內者，法院即不得以雙方已有「合意管轄」爲由，裁定駁回其訴訟，而須將「系爭勞動事件」留在我國境內，由「中華民國法院」審判管轄（註3）。

四、「勞工」或「雇主」為原告，其管轄法院有所不同

如果不是「涉外勞動事件」時，因提起訴訟之原告爲「勞工」或「雇主」而有不同；現行《勞動事件法》第6條，對此使「勞工起訴」時，與「雇主起訴」時，於法院管轄上有不同的待遇，現分述之如下：

㈠勞動事件以「勞工」為原告時：

由被告住所、居所、主營業所、主事務所所在地或原告的勞務提供地法院管轄（《勞動事件法》第6條第1項前段）。

㈡勞動事件以「雇主」為原告時：

由被告住所、居所、現在或最後之勞務提供地的法院管轄（《勞動事件法》第6條第1項後段）。又勞工也可以於本案「言詞辯論」前，聲請將該「訴訟事件」移送於「其所選定有管轄權的法院」（《勞動事件法》第6條第2項前段）。而何謂勞工「其所選定有管轄權的法院」？此應指勞工聲請選定移送有管轄權的法院，應以原告起訴時，可以選定的法院。

五、勞工與雇主就勞動事件有「合意管轄」的效力

再者，雇主與勞工有時會於「勞動契約」內以「書面」約定

，雙方因該契約發生爭議的管轄法院。《民事訴訟法》第24條也規定，當事人得以「文書」方式「合意」定第一審管轄法院。但立法者考量絕大多數的勞動契約「雇主」較強勢，故特於《勞動事件法》第7條第1項前段規定，勞動事件的第一審管轄合意，如當事人之一造爲勞工，按其情形「顯失公平」者，得工得逕向其他有管轄權的法院起訴；勞工如爲被告，則可以於本案言詞辯論前，聲請移送於其所選定有管轄權的法院。反之，如果法院認爲當事人間關於管轄的合意，按其情形未顯失公平者，得於雇主提出「合意管轄的抗辯」，法院得以裁定將該案件移送於雙方當事人以「合意」所定的第一審管轄法院（《勞動事件審理細則》第7條第1項）。

六、結語

綜上所述，對於提出勞動事件的爭訟，務必注意向有管轄權的法院提出，以上剖析供雇主與勞工們參酌運用。

註1：有關勞動事件的處理，依《勞動事件法》第15條規定；《勞動事件法》未規定者，適用《民事訴訟法》的規定。

註2：參見蔡瑞麟撰：〈勞動事件法之管轄——勞動事件法逐條釋義㈢〉乙文，載台灣法學第381期，頁3，2019年12月14日。

註3：參見蔡瑞麟撰，前揭文，頁4。

雇主如何處理職場「性騷擾」？

一、雇主除注意職場「霸凌」外，對於「性騷擾」也須防治

最近台灣的報章雜誌網路媒體充斥著「霸凌」、「性騷擾」……等相關話題。擔任雇主愈來愈辛苦，除要面對行業競爭、環境變遷、景氣變化外，《性別平等工作法》還課予雇主防治「性騷擾」的義務。

所以，雇主除了要注意不要有「職場霸凌」外，還要防治職場中雇主和員工、幹部和員工、員工間的性騷擾；同時還要知道如何處理職場「性騷擾」？

二、何謂「性騷擾」？

對於如何處理職場「性騷擾」？筆者建議雇主首先要認識「性騷擾」，其乃指下列情形之一：

㈠受雇者（註1）於執行職務時，任何人以「性」要求，具有「性」意味或「性別歧視」的言詞或行為，對其造成敵意性、脅迫性或犯罪性的工作環境，致侵犯或干擾其「人格尊嚴」、「人身自由」或影響其工作表現；此為「敵意式性騷擾」。

㈡雇主對「受僱者」或「求職者」（註2）為明示或暗示的「性」要求、具有「性」意味或「性別歧視」的言詞或行為，作為勞務契約成立、存續、變更或分發、配置、報酬、考績、陞遷、降調、獎懲等的交換條件；此為「交換式性騷擾」（參見《性別平等工作法》第12條第1項）。

又如果有人係利用其職務地位對於因「僱用」、「求職」或執行職務關係受自己指揮、監督的人，利用權勢或機會為性騷擾，此種特殊的性騷擾，稱為「權勢性騷擾」。

三、雇主要如何防治職場「性騷擾」？

其次因《性別平等工作法》於第三章特別規定「性騷擾之防治」，故雇主應於職場宣導禁止「性騷擾」的觀念，俾事先預防，例如：

㈠僱用受僱者十人以上未達三十人的雇主，應於職場約定「申訴管道」，並在工作場所公開揭示；

㈡僱用受僱者三十人以上的雇主，應訂定性騷擾防治措施（註3）、申訴及懲戒規範，並在「工作場所」公開揭示（參見《性別平等工作法》第13條第1項）。

四、雇主知悉性騷擾情形時，應如何處理？

再者，前面是提到性騷擾的預防，如果不幸眞的發生職場性騷擾，而雇主也知悉該情形時，依法應如何處理？筆者分述如下：

㈠雇主接獲被害人「申訴」時，應通知地方主管機關；

㈡採行避免「申訴人」受性騷擾情形再度發生的措施；

㈢對申訴人提供或轉介諮詢、醫療或心理諮商、社會福利資源及其他必要的服務；

㈣對性騷擾事件進行調查：雇主對於性騷擾事件的查證，應秉持客觀、公正、專業原則，並給予當事人充分陳述意見及答辯機會，有詢問當事人的必要時，應避免重複詢問；其職場內部依規定設有「申訴處理單位」者，其人員應具備「性別意識」的專業人士。

㈤對行為人適當的懲戒或處理（參見《性別平等工作法》第13條第2項第1款）。

㈥「申訴案件」經雇主或地方主管機關（註4）調查後，認定為「性騷擾」，且情節重大者，雇主得於知悉該「調查結果」之日起「三十日」內，不經「預告」終止勞動契約（參見《性別平等工作法》第13條之1第2項）。

五、雇主要如何處理「權勢性騷擾」的被申訴人？

又筆者於前面曾提及「權勢性騷擾」，被申訴人因對申訴人有指揮、監督的關係，《性別平等工作法》在處理被申訴人具權勢地位，且情節重大，於進行「調查期間」有先行停止或調整職務的必要時，雇主可以暫時停止或調整被申訴人的職務，但如果經調查而未認定爲「性騷擾且情節重大」者，雇主應補發停止職務期間的薪資（《性別平等工作法》第13條之1第1項）。

六、結語

由於台灣媒體非常發達，一旦有職場性騷擾發生時，媒體常會加以渲染、擴大報導，企業切勿輕忽，故應加強自己工作職場「性騷擾」的預防，又一旦不幸發生時，也應邀請有經驗、專業的法律專家如律師進行協助處理，俾求完善。

註1：受僱者乃指受雇主僱用從事工作獲致薪資者。

註2：求職者乃指向雇主應徵工作的人。

註3：性騷擾防治措施的內容，應包括性騷擾態樣、防治原則、教育訓練、申訴管道、申訴調查程序、應設申訴處理單位的基準及其組成、懲戒處理及其他相關措施（《性別平等工作法》第13條第6項）；勞動部已依前項規定訂定《工作場所性騷擾防治措施準則》）。

註4：在此所稱的「地方主管機關」是指被害人勞務提供地的直轄市或縣（市）主管機關（參見《性別平等工作法施行細則》第4條之3）。

拾.

勞資爭議書狀篇

終止勞動契約和解協議書

案情

甲有限公司僱用高乙爲員工，乙員工因甲有限公司爲薪資短報，導致勞保權益及勞退金權益受損；嗣後雙方經協調達成和解，而簽訂「和解協議」。

和解協議書

立協議書人甲有限公司（下稱：甲方）、高乙（下稱：乙方）

茲甲、乙雙方合意終止雙方勞動契約關係，本於誠信協商，出於自由意志達成協議如下：

一、甲方同意於民國111年12月31日以前，給付乙方新台幣（下同）伍拾萬元整。

二、乙方同意不再對甲方提起民事、刑事訴訟，或提出其他違反《勞動基準法》、《勞工保險條例》、《勞工退休金條例》等之行政檢舉事項。甲方亦不得對乙方提起任何爭訟。

三、甲、乙雙方應就本和解內容及相關事實背景保密，不得以任何方式洩漏予第三人知悉。

四、甲、乙雙方均應誠信履行本協議內容，如有違反，應給付他方伍拾萬元之懲罰性違約金，如有損害尚得請求他方賠償。

五、甲、乙雙方其餘請求權均拋棄。

六、甲、乙雙方生活圈均係在台北市士林區，彼此惜緣。

七、本和解協議書壹式兩份，甲、乙雙方各執壹份為憑。

立協議書人

甲方

甲有限公司　　　（簽章）

負責人 王大

聯絡地址：台北市士林區○○街○○號

乙方

高乙　　　　　　（簽章）

聯絡地址：台北市士林區○○街○○號

中　華　民　國　○　○　○　年　○　○　月　○　○　日

確認僱傭關係存在民事起訴狀

案情

李天受僱於乙地有限公司，乙地有限公司對勞工李天終止勞動契約不合法，勞工李天認爲其與公司之僱傭關係仍存在，遂向管轄法院台灣台北地方法院提起民事訴訟。

民事起訴狀

訴訟標的價額：新台幣〇〇〇〇元

原告　李天　住新北市〇〇區〇〇路〇〇號

被告　乙地有限公司　設臺北市〇〇區〇〇路〇〇號

代表人壬大　住同上

為上開當事人間請求確認僱傭關係存在等事件，謹依法提呈民事起訴狀事：

訴之聲明

一、確認兩造間之勞動契約關係存在。

二、被告應自民國110年1月1日起至原告復職日前一日止，按月於次月5日給付原告新台幣〇〇〇〇〇〇元，及自各期應給付日之翌日起至清償日止，按週年利率百分之五計算之利息。

三、被告應自民國110年1月1日起至准許原告復職日止，按月提繳新臺幣○○○○元至原告於勞動部勞工保險局設立之勞工退休金個人專户。

四、訴訟費用由被告負擔。

程序事項

一、按「勞動事件以勞工為原告者，由被告住所、居所、主營業所、主事務所所在地或原告之勞務提供地法院管轄；以雇主為原告者，由被告住所、居所、現在或最後之勞務提供地法院管轄。」《勞動事件法》第6條第1項定有明文。

二、按「因定期給付涉訟，其訴訟標的之價額，以權利存續期間之收入總數為準；期間未確定時，應推定其存續期間。但超過五年者，以五年計算。」、「因確認僱傭關係或給付工資、退休金或資遣費涉訟，勞工或工會起訴或上訴，暫免徵收裁判費三分之二。」《勞動事件法》第11條、第12條第1項規定定有明文。

事實概要

一、緣原告自民國（下同）90年1月1日到職，於原告受解僱前擔任被告公司之副理，約定月薪為新台幣（下同）○○○○○元，職務內容為採購事務。被告公司處長於109年11月21日向原告表示被告公司未來將就原告原本管理的科別進行科名變更，並且會縮編所屬團隊人數，並依《勞動基準法》第11

條第4款終止與原告間之僱傭關係。

二、原告僅得於109年11月22日依《勞資爭議處理法》，提出與被告公司間之勞資爭議調解申請，原告並於同日以電子郵件檢附申請書收據予被告公司。惟被告公司收受原告上開電子郵件後，仍於109年12月22日（週五）收回原告之門禁卡、設備，並命原告不得再次進入公司。被告公司於調解期間內因上開同一爭議事件於109年12月31日終止與原告間之僱傭關係。原告於無可奈何下，方提起本件訴訟。

事實及理由

壹、被告公司於勞資爭議調解期間內，因同一爭議事件於109年12月31日終止與原告間僱傭關係之行為違反《勞資爭議處理法》第8條規定，被告公司之解僱行為依《民法》第71條應屬無效：

查本件原告於109年11月22日申請勞資爭議調解，並於同日檢附申請書收據通知被告公司上開申請事實（參原證），兩造至110年1月15日方因無法達成共識而作成調解不成立之調解紀錄（參原證），兩造就本件恢復僱傭關係之勞資爭議調解期間為「109年11月22日至110年1月15日間」。惟被告公司竟於兩造之調解期間內，即109年12月31日因同一勞資爭議事件終止與原告間之僱傭關係，足證上開被告公司解僱之行為確已違反《勞資爭議處理法》第8條規定，被告公司之資遣行為依《民法》第71條應屬無效，至為明確。

貳、被告公司既無業務性質變更，更無減少勞工之必要，被告公司更未曾踐行「安置前置義務」，被告公司依《勞動基準法》第11條第4款解僱原告之行為應屬違法無效：

查本案被告無非以原告原本管理的管理的科別進行科名變更，並且會縮編所屬團隊人數，上開變動為被告公司有業務性質變更之主張云云（參原證），惟原告管理之科別縱發生上述名稱及人數之變更，被告公司亦未發生有任何經營之營業項目、產品種類、生產技術之變更，更無如法令之適用、機關監督、經營決策、預算編列等組織結構之變更，足證被告公司並無業務性質變更之虞。再者，原告之職務內容本即為採購事務，原告管理之科別縱有更名之事實，被告公司就「採購事務」之勞動人力需求並未降低，未使原告所提供之勞動力成為多餘或過剩，足證被告公司並無減少勞工之必要。

參、兩造間僱傭關係既仍屬存在，原告依兩造間之僱傭契約及《民法》第487條規定，請求被告於終止系爭僱傭契約後至回復原告職務之日止，按月給付原告工資及屆期之利息請求，應屬有據：

依《民法》第487條前段、第235條、第234條、第233條第1項及第203條規定，被告公司於109年12月22日（週五）收回原告之門禁卡、設備，並命原告不得再次進入公司，經原告於109年12月23日寄發存證信函（參原證）予被告公司，請求被告公司提供原告門禁卡及相關設備，使原告得繼續向被告公司依兩造間之僱傭關係提供勞務，惟被告公司並未回覆原告上開存證信函內容。上開事實足證被告公司已有受領勞務遲延之情事，原告無補服勞務之義務，並得請求被告應按月給付原告自110年1月1日起遭違法終止勞動契約前之每月工資至復職之日止，並請求自各期應給付日之翌日起至清償日止，按週年利率百分之五計算之利息。

肆、兩造間僱傭關係既仍屬存在，原告得依《勞工退休金條例》（下稱勞退條例）第31條第1項請求被告按月提繳原告於勞動部勞工保險局設立之勞工退休金個人專户：

依勞退條例第6條第1項、第14條第1項、第31條第1項規定，本件兩造間僱傭關係既仍屬存在，被告即負有續為原告按月提繳勞工退休金之義務。原告之月薪為○○○○○元，依勞工退休金月提繳工資分級表應投保級距為○○○○○元，被告應按月提繳○○○○元。故原告依勞退條例第31條第1項規定請求被告自110年1月1日起至復職之日止，按月提繳○○○○元至原告於勞動部勞工保險局設立之勞工退休金個人專户。

伍、懇請　鈞院鑒核，保障原告之合法權益，如蒙所請，至為感禱。

謹狀

台灣臺北地方法院民事庭公鑒

【證物欄】（以下皆為影本）

中 華 民 國 〇 〇 〇 年 〇 〇 月 〇 〇 日

具 狀 人：李天

請求給付短付之工資及勞工退休金民事答辯狀

案情

被告乙地公司所僱用之員工李天認為乙地公司有短付工資及未提撥勞退金，向台灣台中地方法院起訴，乙天公司向管轄法院提出民事答辯狀。

民事答辯狀

案號：○○○○○

股別：○股

被告　乙地股份有限公司　設臺北市○○區○○○○路○○號

代表人壬大　住同上

原告　李天　住所詳卷

為上開當事人間請求返還不當得利等事件，謹依法提呈答辯狀事：

答辯聲明

一、原告之訴駁回。

二、訴訟費用由原告負擔。

三、如受不利判決，願供擔保，請准宣告免為假執行。

事實及理由

一、兩造間曾約定勞退條例6%退休金提撥部分，於次年另行給付予原告，原告實際領得之金額高於原告月薪之6%，足認原告依《民法》第179條請求被告給付○○○○○元之請求並無理由：

㈠按「雇主與勞工所訂勞動條件，不得低於本法所定之最低標準。」《勞動基準法》第1條第2項定有明文。

㈡查本件原告主張被告自96年11月至98年11月及自99年1月至104年1月間，共扣取原告薪資○○○○○元，構成不當得利云云。惟參附表1及原證1，兩造間基於上開特別約定內容，約定勞退條例規定之6%退休金提撥，先行由原告之薪資進行提撥後，於次年另行給付予原告。是以，原告於99年至105年間，業已受領得被告以開立票據方式給付之薪資，共計○○○○○元，原告歷年實際領得之金額高於其月薪之6%提撥額，足認被告並未受有利益，自無可能致原告受有任何損害，原告依《民法》第179條請求被告給付○○○○○元之請求，實屬無稽。

二、原告辯稱票據給付原因為「年終紅利」，該主張內容明顯悖於兩造所不爭執之薪資單明細給付項目，原告應依《民事訴訟法》第277條提出客觀證據以實其說：

㈠原告業已自認歷年收受被告所開立之支票，僅就其交付原因，抗辯為「年終紅利」，而非為給付勞退6%之部分云云。惟參以原告起訴狀所附原告薪資單明細給付項目，原告自96年至104年之薪資單給付項目內容中，並未曾記載原告所辯稱之「年終紅利」，足證原告上開辯詞，實屬臨訟編織之詞，實則該等票據給付原因，正係依兩造間之特別約定而交付之。

㈡是以，原告若欲主張該等票據之交付原因為「年終紅利」，此等悖於原告自己所提出之客觀證據，有利於原告之事實，則原告自應依《民事訴訟法》第277條提出客觀證據以實其說，不得僅係空言泛稱該等票據交付之原因為何。

三、綜上所述，本件原告之請求無理由。懇請　鈞院鑒核，保障被告之合法權益，如蒙所請，至為感禱。

謹狀

台灣臺中地方法院民事庭公鑒

【證物欄】

附表

被證

中　華　民　國　〇　〇　〇　年　〇　〇　月　〇　〇　日

具 狀 人：乙地股份有限公司

法定代理人：壬大

參考書目

一、書籍

1.中華民國就業服務專業人員協會編著：就業服務法暨解釋令彙編，民國95年4月，中華民國就業服務專業人員協會出版。

2.行政院勞工委員會印：工作規則訂立參考手冊，民國87年3月出版。

3.吳奎新著：勞工權益——例解勞動基準法，2004年10月，永然文化出版公司出版。

4.吳奎新著：聘僱外勞法律Easy說——兼談就業服務法律實務，民國88年7月，永然文化出版公司出版。

5.吳威志，蘇爾晴著：合法罷工——勞資爭議界定與行使程序，2023年3月初版，永然文化出版公司出版。

6.李永然、李旻燕著：勞資權益Q&A，2011年3月初版，永然文化出版公司出版。

7.李永然、林永汀著：現代勞實權益法律顧問，2004年5月，永然文化出版公司出版。

8.李永然等著：勞資和諧法律看招，2016年3月二版，永然文化出版公司出版。

9.李永然著：契約書之擬定與範例，2021年9月十五版，永然文化出版公司出版。

10.李永然著：商務契約訂定與糾紛解決，2022年1月六版，永然文化出版公司出版。

11.沈曾圻、衛民主編：勞動契約指引，民國75年4月1日再版，中華民國勞資關係協進會出版。

12.周志盛著：勞資爭議停看聽，2006年6月初版一刷，汎亞人力資源管理顧問有限公司出版。

13.周昌湘主編：勞動基準法解釋令彙編，民國92年10月初版，永然文化出版股份有限公司出版。

14.周信利著：外勞引進管理寶典，1997年11月初版一刷，世界商業文庫出版。

15.林正修等編著：人事管理與勞基法實務，1999年1月初版一刷，世界商業文庫出版。

16.林振賢著：修正勞動基準法釋論，民國88年2月8日初版，捷太出版社出版。

17.林振賢著：勞動基準法釋論——比較、理論、實際，民國83年6月1日初版，自刊本。

18.林豐賓著：勞動基準法論，民國86年11月初版，三民書局股份有限公司發行。

19.徐茂欽著：幫你精算勞退金——勞工退休金實例評估與

計算，2005年6月，永然文化出版公司出版。

20.徐婉寧等著：終止勞動契約，2019年7月初版1刷，元照出版公司出版。

21.張清滄著：勞動基準法實用，1995年8月七版，復文書局發行。

22.張清滄編著：勞動基準法裁判摘錄212則，2004年6月初版發行，復文書局出版。

23.許志文等著：勞動事件法與勞動基準法新制，2020年9月初版第1刷，元照出版有限公司出版。

24.郭玲惠著：勞動契約法論，2011年9月初版一刷，三民書局發行。

25.陳文賢著：勞退新制萬用教戰手冊，2005年7月初版，就業情報資訊股份有限公司出版。

26.陳明裕編著：外籍勞工引進與管理實務，民國84年4月初版一刷，自刊本。

27.陳金泉著：勞動訴訟裁判評釋，2021年11月初版一刷，三民書局股份有限公司出版。

28.陳金泉著：勞動訴訟實務，2020年9月一版一刷，新學林出版社出版。

29.陳計男著：強制執行法釋論，2002年8月初版。

30.陳榮宗、林慶苗著：民事訴訟法，民國85年7月初版，三民書局發行。

31.楊惠娣著：企業裁員有術，2002年11月，永然文化出版公司出版。

32.蔡瑞麟著：論離職後競業禁止契約之獨立性，2018年9月一版一刷，自刊本。

33.鄭正一著：職災保險與保護實務，2023年12月初版，永然文化出版公司出版。

34.鄭津津著：職場與法律，2010年9月三版一刷，新學林出版公司出版。

35.戴春華主編：勞動合同，1997年3月第一版，中國政法大學出版社出版。

36.簡文成著：捍衛你的勞保權利——爭議審議相關案例，2006年5月三版，永然文化出版公司出版。

37.簡文成著：勞工退休金條例教戰Q&A，2005年5月，永然文化出版公司出版。

38.羅美棋著：選好勞退不怕老，2005年4月三版，永然文化出版公司出版。

39.連世昌著：勞工幹嘛委曲，2018年初版一刷，立京實業有限公司出版。

40.連世昌著：老闆幹嘛委曲，2018年1月初版一刷，立京實業有限公司出版。

二、期刊

1.林怡廷律師整理：漫談勞動事件法全貌（紀實篇）（上），載高雄律師月刊，第14屆第108-8期，2019年8月出刊。

2.邱駿彥撰：〈調職法理之探討〉乙文，載劉志鵬等主編：勞動法裁判選輯，1998年5月初版，月旦出版社出版。

3.蔡瑞麟撰：〈勞動事件法之管轄——勞動事件法逐條釋義〉乙文，載台灣法學第381期，2019年12月14日。

4.蔡瑞麟撰：勞動事件法如何將調解變爲準參審——勞動事件法逐條釋義（總評篇），載台灣法學第379期，2019年11月14日出刊。

勞工權益，最好的守護

勞工保險，不僅是為了勞工朋友的現在，更是為了他們的未來。它如同一個堅實的後盾，在生育、老年、疾病、死亡等人生重要階段提供多重保障，讓勞工能夠安心打拼，無後顧之憂。而不幸在工作中遭遇意外或職業病，職災保險就是勞工最即時的支援。它提供醫療、傷病、失能甚至死亡的給付，確保勞工及其家庭在面臨困境時，能夠得到應有的照護與補償。

勞工權益，不只是名詞，是每位勞動者的底氣與保障。

1.**勞保實務教戰100%**（2025/9版）　鄭正一著　2Q12-6　原價：600元

勞工保險條例、各項給付標準與請領手續複雜多端，常使得勞工在難以理解的情況下，無法獲得應有的保障，勞工保險的社會救濟功能從而大打折扣。本書作者教授勞工保險業務經驗豐富，以上課精闢的內容為基礎，將勞工保險法律規定分成六章，依序為：導論、勞工保險概論、勞工保險給付、職業災害勞工保護法、就業保險法，並蒐集大量實例深入解說，以淺顯文字配合完整的圖表、證明書、申請書、行政函釋，幫助讀者突破法條深奧的外殼，實地運用，爭取自身權益。

2.**職災保險與保護實務**（2023/12版）　鄭正一著　2Q14　原價：500元

勞工一旦遭遇職業災害，影響的不僅是個人，更可能讓整個家庭陷入愁雲慘霧之中，因此，針對勞工職災問題而訂立的專法——《勞工職業災害保險及保護法》誕生了，且於民國111年5月1日起施行。本書作者研究勞工保險多年，且實務經驗豐富，特以《勞工職業災害保險及保護法》為主軸，再輔以實務案例及相關圖表詳加說明，不論是勞工、雇主或是人資，都是一本十分實用，且具有參考價值的職災保險專書。對職災勞工而言，更能夠透過本書按圖索驥以掌握自己的權益。

3.**合法罷工——勞資爭議界定與行使程序**（2023/03版）

吳威志．蘇爾晴著　3I01　原價：300元

本書以我國在國際社會大環境與現實問題出發，說明我國在法制修訂與研究上，亟需了解國際社會的趨勢和規範，認識其因素與意義何在，並論及「合法罷工」此一核心主題中，國際勞工組織、各區域經濟組織之勞動規範，正足比較我國現有罷工制度下，政府如何在此一勞資爭議當中尋求合法罷工之界定標準和正當行使之程序。

勞資權益雙贏系列 15

雇主勞工權益大小事，法律說明白
——相關實務及司法範例(2Q15)

作者：李永然
出版：永然文化出版股份有限公司
創辦人：李永然
董事長：黃淑嬪地政士
主編：吳旻錚
地址：台北市中正區羅斯福路2段9號7樓
電話：(02)2391-5828
傳真機：(02)2391-5811
郵撥帳號：1154455-0
郵撥帳户：永然文化出版股份有限公司
團體購書專線：永然文化(02)2356-0809
初版日期：中華民國114年8月（2025/08）
法律顧問：永然聯合法律事務所（台北所・桃園所・高雄所）
電話：(02)2395-6989・(03)357-5095・(07)216-0588
地政顧問：永然地政士聯合事務所李廷鈞地政士
電話：(02)2395-6989
商標專利顧問：亞信國際專利商標事務所
電話：(02)2751-3864
製版印刷：竹陞印刷製版有限公司
門市總經銷：旭昇圖書有限公司
電話：(02)2245-1480
定價：300元
ISBN：978-957-485-523-0
永然e go網網址：http://buy.law119.com.tw
〈*Printed in Taiwan*〉

國家圖書館出版品預行編目 (CIP) 資料

雇主勞工權益大小事, 法律說明白：相關實務及司法範例 / 李永然著. -- 初版. -- 臺北市：永然文化出版股份有限公司, 民 114.08
面； 公分. -- (勞資權益雙贏系列 ; 15)
ISBN 978-957-485-523-0(平裝)

1.CST: 勞動基準法 2.CST: 勞動法規 3.CST: 勞資關係

556.84 114010146